JN012061

第4期プロジェクト研究シリーズの刊行にあたって

　本「プロジェクト研究シリーズ」は、JILPTの第4期中期目標期間（2017年度〜2021年度）の5年間で進めてきたプロジェクト研究の中から、特に関心が高く重要と思われるテーマを取り上げ、多くの方々により読みやすい形で成果を提供するために取りまとめたものである。

　JILPTは労働に関する政策研究機関として「働く人の幸せ」と「経済の発展」に寄与するという観点から、労働政策の企画立案に貢献するため、さまざまな構造変化の影響に関する実態把握、労働政策の課題についての調査・研究を継続して行っている。その中心として行っているのがプロジェクト研究であり、経年変化の動向や国際比較も交えつつ、客観的なデータやエビデンスを提供するため、具体的な労働政策の課題に対し中長期的な視点から学術的、学際的な分析を進めている。

　プロジェクト研究の成果は、労働政策研究報告書や調査シリーズ、研究双書等として刊行するとともに、研究成果の報告会や労働政策フォーラムを開催し、広く普及に努めている。

　少子高齢化による人口減少社会の進行、グローバル化の進展、第4次産業革命下におけるビックデータ・AIなどの技術革新、働き方や就業意識の多様化によって、我が国の労働市場を取り巻く環境は大きく変化している。また、労働政策がカバーする範囲も拡がっており、今般の新型コロナウイルス感染拡大のように喫緊の課題に対して柔軟かつ的確に対応する必要も生じている。

　変化を続ける経済社会の実態を把握するための調査やヒアリングにご協力いただいたすべての皆様にあらためて心から御礼申し上げたい。

　本シリーズが政策担当者をはじめ、企業や労働組合の関係者、そして多くの一般読者などに活用され、今後の労働政策・労働問題を考えるための参考になれば幸いである。

2023年3月

独立行政法人　労働政策研究・研修機構

理事長　樋　口　美　雄

は　し　が　き

　かつて日本的雇用システムは、日本経済の繁栄と日本企業の高い国際競争力の源泉として高い評価を受けていた。今日では、一転して、日本経済不振の元凶とみなされ、雇用制度改革が盛んに論じられている。実際、平成不況期以降、企業は様々な人事制度改革を通じて日本的雇用システムの見直しを行ってきた。

　JILPT 第 3 期プロジェクト研究シリーズ No.4『日本的雇用システムのゆくえ』（2017 年）は、その動向を多角的に分析し、日本的雇用システムの内実が様々な面で様変わりしている実態を明らかにしている。だが、長期雇用慣行は製造大企業を中心に根強く維持されている。そして、個別の人事制度は改革されても、新卒採用から定年退職までの長期勤続を前提に人事管理を行う発想は大きく変わっていない。

　一方で、就業者のマジョリティは、第二次産業（ものづくり）から第三次産業（広義のサービス業）に移行していることにも目を向ける必要がある。このサービス業では雇用流動化傾向がみられる。この産業構造の転換によって長期雇用の時代は終幕し、雇用流動化の時代の本格的な到来によって日本経済は再生するといえるだろうか。そのような問題意識で本書は、基幹的労働力である正規雇用者に広がりつつある雇用流動性の評価を試みている。

　調査結果によれば、今日広がりつつある雇用流動化から日本経済を活性化させる新たな雇用システムが生まれるとはいえそうにない。転職型キャリアの人材が、企業の成長の中核を担い、豊かな労働者生活のモデルになるといえる兆候は確認できなかった。企業の成長を牽引することが期待される人材は非製造業においても内部調達が望ましいとされている。長期雇用慣行の行き詰まりが指摘される今日においてもなお、1 つの企業に長期勤務することは労使双方にとってメリットがあるといえる。だが実は、日本の大企業にも管理職の中途採用を前提とした人事管理を行っているところはあり、「長期雇用型」と「雇用流動型」の雇用システムが併存しているのが日本の労働市場の実態であることも明らかになっている。その両方の雇用システムを活性

化していくことが、今後の日本経済にとって重要であることを本書の調査結果は示唆している。本書が経済対策としての雇用制度改革を考える一助になっていれば幸いである。

なお、本書は2017〜2021年度に実施したJILPT第4期プロジェクト「産業構造と人口構造の変化に対応した雇用システムのあり方に関する研究」の最終成果報告に位置づけられるものである。本プロジェクトでは企業調査班と個人調査班に分かれて、労働需要側と労働供給側双方の立場から日本の労働市場の現状や課題について検討した。すでに刊行されている各班の成果報告書の執筆にあたっては、内外の委員から多くの協力を賜った。梅崎修氏（法政大学教授）、佐野嘉秀氏（法政大学教授）、藤本真氏（JILPT主任研究員）、前浦穂高氏（JILPT副主任研究員）、山下充氏（明治大学教授）、山邊聖士氏（元JILPTアシスタントフェロー）（以上企業調査班）、大石亜希子氏（千葉大学教授）、大風薫氏（京都ノートルダム女子大学准教授）、酒井計史氏（JILPTリサーチアソシエイト）、高橋康二氏（JILPT主任研究員）、高見具広氏（JILPT主任研究員）、竹ノ下弘久氏（慶応義塾大学教授）、御手洗由佳氏（日本女子大学学術研究員、元JILPTアシスタントフェロー）、勇上和史氏（神戸大学教授）（以上個人調査班）には心から感謝申し上げる。本書の構想もその中で交わされた議論から多くの示唆を得ている。

最後に刊行にあたり原稿の完成を根気強く待ってくださったJILPT事務部門の皆様そして、校正作業をお手伝いいただいた田村真里子氏（JILPT事務補佐員）に心からお礼を申し上げたい。

2023年3月

労働政策研究・研修機構　主任研究員　　池田心豪
　　　　　　　　　　　　副主任研究員　西村純

iv

≪目　次≫

序章　日本経済の活力と雇用システム

池田　心豪・西村　純

第1節　研究の目的と背景

1　長期雇用の存続可能性

　かつて日本的雇用システムは日本経済の繁栄と日本企業の国際競争力の源泉とみなされていた。だが、1990年代初頭のバブル経済崩壊を機に、その評価は180度変わった。その後、今日に至る「失われた30年」は、日本的雇用システム見直しの30年だったといっても過言ではないだろう。そして、日本経済を再び活性化するためには、日本的雇用システムの改革が必要であるという問題意識が広く浸透している。近年はメンバーシップ型雇用からジョブ型雇用へという濱口（2009）に始まる議論が活発である。

　「日本的雇用システム」概念をどのように定義し、どのような特徴を中心に置くかは研究目的によって様々であるが、政策研究として考えるときには、菅野（1996; 2002; 2004）に準拠し、長期雇用を中核に置くのが適切であろう。日本的雇用システムの諸特徴をまとめた久本（2008）も長期雇用を中核に置いている。久本は、「長期安定雇用」を前提とするからこそ「年功主義」も成り立つとする。

　菅野（2004）は、その最後の論点としてCappelli（1999）を参照しながら、アメリカと同様に日本も長期雇用にもとづく雇用システムから、雇用の流動化を前提とした雇用システムに転換していくのかという問題を提起している。そこには実態として、雇用の流動化を前提に人材を活用する企業と流動的なキャリアを歩む労働者が増えるかという事実認識とともに、規範的な価値判断の軸足を長期雇用から雇用流動化に移すべきかという問いが含まれている。本書は、この問いに答えを出すことを目的としている。

　はじめに、このような問題意識の意義を明確にするため、「失われた30

年」に議論された雇用・労働問題の論点を振り返っておこう。その軸となる問題意識の動向は、以下のような3つの局面に整理することができる[1]。そして、労働政策研究・研修機構（略称 JILPT）では、その時代の問題意識を反映した研究を行ってきた。本研究は、その延長線上に位置する。

　1つ目の局面は1990年代の平成不況期、厳しい経済情勢のもとで日本的雇用システムが激しく揺らいだ時代である。新卒採用抑制により、学校卒業後にフリーターとなる若者が増加した。1995年に当時の日本経営者団体連盟が発表した「新時代の日本的経営」では、長期雇用の対象範囲を限定する方針が示されていたが、1997年の山一証券や北海道拓殖銀行の経営破綻に象徴される経済情勢の悪化により、正規雇用者にもリストラや成果主義の風が吹き荒れ、長期雇用や年功的処遇は自明のものではなくなった。新規採用抑制の影響は特に若い女性において顕著であったが、女性だけでなく男性にも、また若者だけでなく中高年層にも雇用不安が広がった。その意味で、日本的雇用システムが激しく揺らいだ時代であったといえる。雇用・労働問題は、労働需要側と労働供給側の両面から議論することができるが、この時代は労働需要側の変化による長期雇用慣行の動揺が大きかったということができる。

　JILPT が発足したのは2003年であるが、旧法人の日本労働研究機構（JIL）から JILPT 第1期中期目標計画期間（2003-2006年度）の研究は、こうした時代背景を反映している。

　たとえば、プロジェクト研究シリーズ第5巻『日本の企業と雇用—長期雇用と成果主義のゆくえ』（2007年）では、文字どおり長期雇用と成果主義の問題が分析されている。また、雇用と賃金が不安定化する中で、パートやアルバイト、契約社員、派遣社員といった正規雇用者以外の多様な就業形態への関心が高まることとなったが、プロジェクト研究シリーズ第4巻『多様な働き方の実態と課題—就業のダイバーシティを支えるセーフティネットの構築に向けて』（2007年）は就業形態の多様化を取り上げている。

　もう1つの背景として、1985年の男女雇用機会均等法制定、1991年の育

1　この整理は労働政策研究・研修機構（2021）にもとづいている。

児休業法制定という流れの中で女性のキャリア継続も 1990 年代に期待され
たが、プロジェクト研究シリーズ第 7 巻『仕事と生活─体系的両立支援の構
築に向けて』（2007 年）で分析しているように、若年女性の非正規化が就業
継続の阻害要因となっていることが指摘されている。

　こうした研究は厳しい雇用情勢を背景に、労働者のキャリアが不安定化し
ていく実態をとらえているが、その問題意識は「働き方の多様化」への関心
につながり、その後の労働政策研究の展開につながる問題提起が多数示され
ている。

　もっとも、企業の人事管理を取り上げた『日本の企業と雇用─長期雇用と
成果主義のゆくえ』やその調査結果を中心にまとめられた宮本（2014）は、
長期雇用の限定、もしくは放棄を伴いながら「成果主義」を導入する企業は
主流ではないこと、さらに「成果主義」を導入しつつも長期雇用の維持を堅
持するハイブリッド人事の優位性を確認している。また、ハイブリッド人事
は、従業員の企業への貢献意欲を高めていることも指摘されている。このよ
うに、揺らぎのなかでも長期雇用慣行は、労働需要側にとって一定の合理性
やメリットがあることが確認されている。

　2 つ目の局面は、「いざなみ景気」と呼ばれる 2000 年代の景気回復局面か
ら 2008 年のリーマンショックをまたぐ時期である。「いざなみ景気」は
2002 年から始まったとされているが、平成不況期の極端な人件費削減に対
する反省もあり、正規雇用者の長期雇用慣行は息を吹き返した。

　2008 年のリーマンショックにおいても、正規雇用者の人員整理はそれほ
ど行われていない。しかし、その裏返しとして、雇用調整の対象となるパー
ト・アルバイトや派遣社員といった「非正規雇用」の低賃金・不安定雇用が
クローズアップされることになった。その一方で、正規雇用者においては、
特に女性や若者の働き方を中心に長時間労働が問題になり、ワークライフバ
ランスへの関心が広がった。

　そして、「働き方の二極化」が時代のキーワードとなった。このような
問題意識から、労働供給側の働き手のセーフティネットの構築が政策の中心
的な問題意識となり、2007 年には「仕事と生活の調和（ワークライフバラ
ンス）憲章」が策定されている。

JILPTが第2期中期目標計画期間（2007-2011年度）に取り組んだ研究は当時の時代状況を反映しているといえる。まず、長時間労働の是正や両立支援といったワークライフバランスに関する研究が企画され、その成果は第2期プロジェクト研究シリーズ第2巻『ワーク・ライフ・バランスの焦点—女性の労働参加と男性の働き方』（2012年）にまとめられている。また、パート、派遣社員、契約社員といった非正規雇用に関する研究が数多く企画され、第2期プロジェクト研究シリーズ第3巻『非正規就業の実態とその政策課題——非正規雇用とキャリア形成、均衡・均等処遇を中心に』（2012年）にまとめられている。前述した「働き方の多様化」への関心は、女性労働や非正規雇用といった日本的雇用システムの周辺に置かれていた労働者の実態把握へと向かった。そして、周辺から中心への移行を支援するための課題が様々に検討された。

　そのキーワードの1つが「多様な正社員」である。働き方の二極化を克服し、正規雇用者のワークライフバランスと非正規雇用者のキャリア支援をともに可能にする受け皿として、職種限定正社員や勤務地限定正社員といった新しい正社員への期待が高まった（労働政策研究・研修機構 2013; 2016）。

　3つ目の局面は2010年代、いわゆる「アベノミクス」のもとで女性活躍や働き方改革が議論された時期である[2]。この働き方改革は、第2局面のワークライフバランス（仕事と生活の調和）と似た面を持っているが、働き方改革は経済成長のために生産性の低い働き方を改めるという問題意識を前面に出している[3]。女性活躍も、差別禁止や女性の雇用機会を守るセーフティネットというより、経済合理性の観点から女性の能力発揮を促す意味合いが強い。ワークライフバランスについても、これが企業の業績にプラスであるという考え方が広まりつつあった。そのような背景のもとで政策課題となった働き方改革は、ワークライフバランスという労働供給側への関心と企業の成

2　女性活躍推進法は2015年制定、2017年には働き方改革実行計画が閣議決定され、2018年に働き方改革関連法が国会で可決されている。

3　2017年策定の「働き方改革実行計画」には、「働き方改革こそが、労働生産性を改善するための最良の手段。生産性向上の成果を働く人に分配することで、賃金の上昇、需要の拡大を通じた成長を図る「成長と分配の好循環」が構築される。社会問題であるとともに経済問題」と明記されている。

長という労働需要側の関心を重ね合わせることで、新たな働き方を志向しているということができる。

　JILPT の第 3 期中期目標計画期間（2012-2016 年度）は、この第 3 局面と時代を共有している。前述のように働き方の二極化の問題を克服した先の着地点を問う形で、改めて雇用システムの中心部に位置する正規雇用のあり方への問題意識が高まりつつあった。だが、その正規雇用の働き方を規定する日本的雇用システムは第 1 局面の激震の後どのように変容しているのか、体系的には分かっていなかった。

　そこで、日本的雇用システムの現在形を問うたのが、第 3 期プロジェクト研究シリーズ No.4『日本的雇用システムのゆくえ』（2017 年）である。そこでは事実認識として、長期雇用の範囲の縮小、年功的処遇の後退、選抜的育成の台頭、職場集団の変質といった幾多の変化に直面するも、日本的雇用システムの「本丸」である製造大企業においては、正規雇用者の長期雇用慣行はおおむね持続しているという結論を得ている。そのうえで、実践的課題として、長期雇用のパフォーマンスの低下や正社員内部での処遇差の拡大などを指摘するとともに、研究上の課題として、非製造大企業の雇用システムの実態を明らかにすること、3 層構造の雇用システムの実態を明らかにすること、いわゆる「グローバル人材」の選抜と育成の実態を明らかにすることなどを挙げている [4]。「長期雇用のパフォーマンス」や「グローバル人材」への関心に、セーフティネットにとどまらない第 3 局面の問題意識が表れている。

　このような研究の蓄積を踏まえて、 JILPT では、第 4 期中期目標計画期間（2017-2021 年度）の研究として「産業構造と人口構造の変化に対応した雇用システムのあり方に関する研究」を実施した。本書は、この研究成果の最終とりまとめであるが、その問題意識は、非製造業においても長期雇用は日本的雇用システムの中心であり続けるのかというところにある。

　すでに述べたように、1990 年代のバブル崩壊後の労働研究は、平成不況期に日本的雇用システムが大きく揺らいだ結果として生まれた働き方の多様

4　同書の要約として、高橋康二（2017）「日本的雇用システムのゆくえ」JILPT リサーチアイ第 25 回（https://www.jil.go.jp/researcheye/bn/025_171222.html）を参照。

化への問いを起点にしている。本研究も同じく働き方の多様化への関心を引き継いでいる。しかし、その多様化への関心の焦点は、非正規雇用のような雇用システムの周辺部ではなく、労働政策研究・研修機構編（2017）と同じく基幹的労働力として中心部に位置する正規雇用に当てられている。

労働政策研究・研修機構編（2017）においては、日本的雇用システムの中心部に位置する正規雇用者においても、働き方は多様化していることが様々に指摘されている。だが、製造大企業の長期雇用慣行については、その根強さが確認された。留意したいのは、第 0-1-1 図に示すように、製造業の就業者数は趨勢的に減少傾向にあることである。反対に、就業者数が増加傾向にある非製造業ではどうだろうか。

企業が人を雇う理由は、いうまでもなく、経済活動にとって人手が必要だからである。そこには、一人の労働者を長期にわたって雇用する必要がある

第 0-1-1 図　産業別就業者数の推移

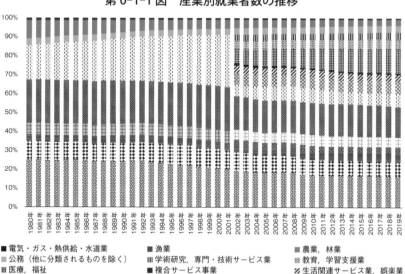

■ 電気・ガス・熱供給・水道業　　　　■ 漁業　　　　　　　　　　　　　　■ 農業，林業
■ 公務（他に分類されるものを除く）　Ⅲ 学術研究，専門・技術サービス業　▨ 教育，学習支援業
▥ 医療，福祉　　　　　　　　　　　　■ 複合サービス事業　　　　　　　　▨ 生活関連サービス業，娯楽業
▨ 宿泊業，飲食サービス業　　　　　　▨ サービス業（他に分類されないもの）▥ 卸売業，小売業
± 運輸業，郵便業　　　　　　　　　　■ 情報通信業　　　　　　　　　　　Ⅲ 運輸・通信業
■ 金融・保険業，不動産業　　　　　　✛ 建設業　　　　　　　　　　　　　■ 鉱業，採石業，砂利採取業
▨ 製造業

注）2001 年までの「卸売，小売業」には飲食店を、2002 年以降の「金融・保険業，不動産業」には物品賃貸業を含む。
出所）総務省「労働力調査」より。

6

ために、企業は長期雇用を維持するという考え方がある。反対に、雇用流動化とは企業の人材活用のあり方として、一人の労働者を長期にわたって雇用する必要がないということを意味する。そうであるなら、経済活動の性質によって、労働需要の発生の仕方も違って当然である。

　かつて日本的雇用システムがその国際競争力を評価されていた時代は大企業でも製造業が経済を牽引しており、長期雇用による人材の長期育成は物をつくるという事業との適合性によって正当化されてきた面がある。しかし、今日では、製造業で働く労働者は減り、代わって非製造業（第三次産業）での就業者が増えている。卸売・小売業や宿泊業・飲食サービス業といった接客・販売関連のサービス業は伝統的に就業者が多い。加えて近年、2000年以降は、医療・福祉と情報通信の就業者数の増加が顕著である。高齢人口の増加に伴う介護労働需要の増加やIT化に伴う情報技術者の需要増を考えれば理解しやすいだろう。教育・学習支援業や学術研究・専門・技術サービス業もわずかであるが増加傾向を示している。これらの産業は、人・物・金・情報のうち、「人」に関わったり、「情報」を扱ったりするという意味で、「物」をつくる第二次産業とは事業の性質が異なる。「金」を扱うという意味では、金融・保険業や不動産業がこれに当たる。全体として就業者数は少ないが、金融が社会に与える影響は増している。

　これらの産業は生産活動のアウトプットである財を生み出す方法がモノ作りとは異なる。そのため製造業をモデルとした生産管理や人事管理がなじまないということがあっても不思議ではない。モノ作りの領域での日本的雇用慣行にもとづく人事管理の優位性は、自動車企業の調査を中心に実証研究が蓄積されている（例えば石田他 1997; 石田・富田・三谷 2009）。モノ作りの領域では「原価低減」、すなわち、製造原価の低減が競争力の源泉であるという了解が組織内でとれている。そして、人事管理もその活動を支援するのに適切なかたちで構築されている。石田他（1997）は、現場における原価低減活動の次のような姿を発見した。

　「職長が中心になり課長補佐、班長が考案していると考えてよい。（中略）それをQC（QCサークルのこと・・・筆者）と個人提案が補足するとい

う関係にある。（中略）「このステーションをなくして、その仕事をこことここへもっていくという決定は職長にしかできない。しかし、仕事を持って行った結果、あと2秒減らしたいというのがどうしても出てくる。それを作業者に考えてもらうのである」と工場長スタッフ氏は語る」（石田他 1997 p.30）。

　こうした職長から作業者を含めた現場一体的な改善活動を担う人材供給体制を整えるうえで、組織の内部で「中核的作業者を育て、班長、職長補佐、職長の人材予備軍を育成」（石田他 1997 p.31）していく体制が整えられている。すなわち、中長期的に企業の競争力を支える人材の調達において、長期雇用慣行は適していたのである。

　しかしながら、パナソニックにおける商品企画から生産までを一気通貫でみた石田・上田編著（2022）では、モノ作り以外の領域における仕事の管理や人事管理の難しさが示されている。自社製品を市場で売り切るために必要な人材の調達に適した人事管理は、はたして長期雇用慣行にもとづいて形成される人事管理なのか。この点については、上記のモノ作りの現場のような関係性は見出せてはいない。つまり、モノ作りという産出物に重さのある事業ではなく、サービスという産出物に重さのない事業に適した人事管理についての解を見出すことに成功しているとはいいがたい状況にある。

　結果として、製造業において典型的であった長期雇用が企業にとっても労働者にとっても魅力的でなくなることもあるだろう。企業にとってみれば、労働者を長期雇用で育成しても、その期間に見合った成長を期待できないかもしれない。労働者としても、長期勤続に見合った待遇の向上を望めないかもしれない。そうなれば、長期雇用のメリットは著しく低下するだろう。

　もし非製造業において長期雇用慣行が崩れているとしたら、趨勢的な非製造業の拡大という産業構造の変化にともなって長期雇用慣行は衰退していくに違いない。そのような問題意識のもと、本研究では、非製造業に着目して、長期雇用慣行の存続可能性を問うことにした[5]。

5　その意味で、本研究は日本的雇用システムを網羅的に問題にしているわけではない。しかしながら第1章でも確認するように内部昇進制とそれに適した処遇制度のあり方は、経済社会の豊か

8

　前述の菅野（2004）が参照している Cappelli（1999）が描いたシナリオ
は、まさに製造業を中心とした長期雇用システム（オールドディール）が、
シリコンバレーの IT 企業において典型的にみられる流動的な雇用システム
（ニューディール）に取って代わられるというものであった。Cappelli（1999）
がオールドディールからニューディールへの転換の契機とした株主の利益を
重視した企業経営の拡大や情報技術（IT）の浸透は、日本社会も経験して
いる。新興企業であった IT 企業の中には、自動車メーカーや電機メーカー
と肩を並べる大企業に成長したところもあり、日本経済の牽引役として存在
感を高めている。

　そのような新たな企業が「雇用流動型」の雇用システムを構築し、製造業
を中心とする従来型の企業に取って代わるなら、日本でも Cappelli（1999）
が描いたシナリオと同じように、雇用システムの主役が「長期雇用型」から
「雇用流動型」へと移行する可能性がある[6]。そのような仮説を立てることが
できるだろう。

2　豊かな経済生活のための労働

　だが、長期雇用は個別企業の経営判断によってのみ維持されているわけで
はない。戦後日本の国民生活の基盤として機能してきた面にも目を向ける必
要がある（間 1996）。たとえば結婚して子どもを産み育てるという生活設計
の長期的見通しが立つのも、新卒採用によって若いときから雇用と収入の安
定性が保障されてきたからという側面がある。

　その裏返しとして、平成不況期から若年雇用の非正規化が未婚化・少子化
の原因としても問題になっている（永瀬 2002）。働き方と生活のあり方は連
動している面があり、長期雇用を前提とする生活を維持しようとするなら、
企業経営の事情がどうあれ日本社会の問題として長期雇用を否定するわけに

さとの関連で戦後一貫して大きな関心が注がれてきた。システムを構成する最も重要な要素の1
つに焦点を絞って議論を進めるという態度をとっているのが本研究の特徴である。

6　本書における「長期雇用型」とは、新卒（およびそれに準ずる年齢）から定年（およびそれに
準ずる年齢）の長期勤続を前提とした人事管理やそれにもとづく雇用システムのことを指してい
る。一方、「雇用流動型」とは、中途採用による人材の外部調達を前提とした人事管理やそれに
もとづく雇用システムを指している。

はいかない。反対に、長期雇用を前提としない、流動的な雇用を前提とした生活を人々が求めるようになれば、企業経営の観点から長期雇用を重視しても結果として流動化していく可能性がある。

　要するに、長期雇用には経済活動における長期的な人材活用という側面と安定した生活の基盤という側面がある。前者を人材活用としての長期雇用、後者を生活保障システムの一部という意味で、セーフティネットとしての長期雇用として類別しよう。

　グローバル化や技術革新等、経済環境が変化し、企業が行う生産活動の内容つまり事業内容や産業が変化すれば、人材活用としての長期雇用は変化する可能性がある。Cappelli（1999）のオールドディールからニューディールへのシフトは、そのような経済環境の変化に伴う人材活用の変化であった。しかしながら、セーフティネットとしての長期雇用に着眼するとき、企業の経済活動にプラスでなかったとしても生活保障のために長期雇用が維持されるということがある。

　この雇用のセーフティネットとしての側面と人材活用としての側面をつなぐ概念として、本書は労働者の経済生活の豊かさに関心を向けたい。

　企業が効率的に人材を活用して繁栄しても、労働者が低賃金・不安定雇用に苦しむような経済社会は好ましいとはいえない。雇用労働を通じて、安定した経済生活の基盤を確保できることが重要である。しかし、企業の人材活用の面で必要のない労働者をセーフティネットのためだけに雇用し続けることも、企業経営を圧迫することになる。

　したがって、人材活用の面で労働者が企業の経済活動に貢献し、企業が繁栄したら、労働者の賃金も上がり、経済的に豊かな生活を送ることができる、そのような好循環を生成し続けることが、好ましい労使関係であるといえる。実際、戦後の経済成長期に日本の労使はそのような関係を築いてきた。製造業が牽引する経済成長の結果として、ブルーカラーにも中産階級の生活様式が浸透し、「一億総中流」と呼ばれる豊かな社会が実現した。

　では、就業者数が増えている非製造業において、そのような豊かな経済生活は実現するだろうか。その場合の豊かな生活を支えるのは、「雇用流動型」の雇用システムだろうか、それとも非製造業においても「長期雇用型」の雇

用システムが中心になるだろうか。そのような問題意識で、「雇用流動型」の雇用システムの可能性を検討したい。

3 雇用流動性の評価軸

　ここまでの問題設定から、かつての日本社会では長期雇用慣行が多くの企業と労働者に浸透していたかのように思われる読者がいるとしたら、それは誤解である。この点を最後に整理し、本書の問題意識をより明確にしておきたい。

　第1に、長期雇用慣行はかつても日本社会において遍くみられた現象ではない。長期雇用慣行の「長期」としてどのくらいの期間を想定するかという問題にも関わってくるが、新卒採用から定年退職までを典型的な長さとして想定すると、中小企業の多くは新卒の定期採用をしていないし、定年退職がない企業も珍しくない。中途採用・中途退職が一般的である。したがって、長期雇用の存続可能性が問われる企業規模は大企業ということになる。

　第2に、新卒採用から定年退職までの長期雇用を想定した場合には、パート・アルバイト、契約社員、派遣社員等の非正規雇用者も長期雇用慣行の存続可能性を占う研究対象ではないということになる。

　実態としては、無期契約のパートタイマーのように、何十年も1つの企業に勤め続ける非正規雇用者はいる。労働契約法にもとづく無期転換ルールによって「長期勤続する非正規雇用者」は今後増える可能性がある。しかし、結果として長く勤めているということと、最初から長く勤めるつもりで雇われることは別の問題である。非正規雇用者であっても1つの企業に長く勤めているという事実を長期雇用慣行の派生的現象の1つとしてみることはできるが、それはあくまでも派生的現象であって中核ではない。問うべきは正規雇用者の長期雇用である。

　さらにいえば正規雇用者の中でも男性の動向が第一の着眼点になる。伝統的な日本の企業社会において、長期雇用とは専ら男性を対象とする雇用慣行であり、同じ正社員でも女性は男性のような長期勤続を期待されていなかった（今田 1996; 稲上 2005）。男女雇用機会均等法制定から30余年を経て勤続年数の男女差は縮小してきているが、もともと勤続の短かった女性の勤続

年数が延びて男性との差が縮小している側面とともに、もともと勤続の長かった男性の勤続年数が短くなって女性との差が縮小している可能性にも目を向ける必要がある。日本的雇用システムの中心にある長期雇用が崩壊しつつあるかという問題関心においては、むしろ後者の視点の方が重要である。

　第3に、望ましい雇用のあり方としての長期雇用という側面を考慮する必要がある。長期雇用を特徴とする大企業の正規雇用者は雇用が安定していて賃金が高い。一方、中小企業や非正規雇用者は雇用が不安定で賃金が低い。つまり、待遇格差という意味で、長期雇用の大企業の正規雇用者と、雇用流動的な非正規雇用者や中小企業の従業員は対等な関係ではない。前述した豊かな経済生活を享受しうる機会という点で、大企業・正規雇用者の方が上位（primary）、中小企業・非正規雇用者は下位（secondary）という序列構造がある。

　したがって、単純に労働者や企業の数の問題として中途採用・中途退職が増えたら、長期雇用慣行が崩れたとはいえない。待遇の低い労働市場で中途採用・中途退職が増えても、それは単に下位労働市場（secondary labor market）が広がっただけであるという結論になるだろう。労使が望ましい雇用のあり方と考える労働市場の対抗軸つまりオルタナティブ（alternative）として、流動的な労働市場が広がりうるかを問題にする必要がある。大企業の正規雇用者において良質といえる形で雇用が流動化しているかということを明らかにすることが研究の課題となる。

　このように問題を整理した場合、統計データや事例において活発な転職が観察されても、それが長期雇用慣行に取って代わる雇用流動的な労働市場が生まれているという評価を即座にすることはできない。そこで、雇用流動的な労働市場を少なくとも2つのタイプに分けて検討することにしたい。

　人材の移動と待遇の向上という観点で考えると、日本的雇用システムでは、企業内を異動させて能力開発をし、昇進という上昇移動をさせてきた。人材が企業内をぐるぐると回って上昇していく螺旋のイメージという意味で、これをスパイラル（spiral ＝螺旋）型の労働移動と呼ぶことにしよう。

　職能資格制度やそれにもとづく査定付きの年功的な賃金制度は、スパイラル型の企業内労働移動を想定した人事制度であるといえる。この上昇移動の

機会が与えられているという意味で、管理職を内部登用していることが、「長期雇用型」企業の大きな特徴である。

　このような上昇移動型のキャリアを起点に考えれば、雇用流動的な労働市場が長期雇用と同等以上に良質であるといえるためには、転職を通じてスパイラル型の労働移動が可能であるといえる必要がある。

　企業の業績向上のために雇用が流動化するという Cappelli（1999）が描いたニューディールの理想は、このスパイラル型に近い。活発な転職によって新しい人材が新しい知識や技術を企業に持ち込み、新しいサービスを生み出すことで企業が繁栄する。労働市場全体でみれば、企業業績の良いニューディールが業績の振るわないオールドディールに取って代わるという図式である。企業にとっては新卒採用・内部育成より即戦力を中途採用した方が収益の増加につながり、個人にとっても長期勤続するより転職した方が収入の増加につながる雇用流動性といえる。労働需要側からみれば、例えば、基幹的な役割を担う管理職の外部調達を主たる人材調達の方法と考えているような人事管理が、スパイラル型の労働移動を活性化させると考えられる。

　しかしながら、もう１つのタイプとして、生産にプラスの影響をもたらさない雇用流動性もある。企業が人を採用するのは新しいサービスを生み出すためだけではない。単に数量的に人手不足だから中途採用をするということがある。個人としても、キャリアアップということは考えずに、単純に元の仕事を辞める理由が何かしらあって転職するということがある。

　セーフティネットとしての雇用を考えれば、失業を回避するためだけの転職がわかりやすいだろう。人材活用としても人手不足を埋めるための採用が常に成長分野でおきるとは限らない。生産性は低く成長は見込めないが、労働集約的であるがゆえに人手不足が慢性的であるという仕事もある。つまり、上昇がなく単に人材が企業をぐるぐる回っているだけ、循環しているだけというイメージである。これをサーキュレート（circulate ＝循環）型の労働移動と呼ぶことにする。カタカナでサーキュレートと書くと室内の空気を循環させる機械（サーキュレーター）を想起するかもしれない。上下左右に空気が循環するイメージを重ねれば、サーキュレート型の雇用流動化はそのイメージにぴったりである。企業から送り出された人材が賃金の高い方に

行くとは限らない。賃金が下がることもあるだろう。Cappelli（1999）が描いたニューディールも現実にはサーキュレート型に近いイメージを内包している。

このように雇用流動性を2つに分けてみると下位（secondary）かオルタナティブ（alternative）かという問題は、スパイラル型の雇用流動性を確認できるかという問題に置き換えることができる。

もちろん実際には、内部労働市場も外部労働市場もともに上昇移動の機会が制約され、単に循環するだけのサーキュレート型になっている可能性もある。企業内の人事異動もすべてが企業と個人の成長を促すものとはいえない。単純に企業内の労働需給を調整し人手不足を解消するためだけの配置転換もある。労働者の立場で考えても、上位の役職への昇進意欲がある者にとっての異動は成長の契機、つまりスパイラル型といえるが、昇進意欲がなく日々の仕事を黙々と遂行するだけという者にとっての異動はサーキュレート型といえる。

要するに、長期雇用にも雇用流動化にもスパイラル型とサーキュレート型を考えることができる。これを2軸4象限の類型として整理したのが第0-1-2図である。戦後日本の雇用社会は高度経済成長のもと、スパイラル型の長期雇用社会として繁栄した。労働需要側においても、製造業を中心に日本企業の高い競争力が称賛された時代である。しかし、労働政策研究・研修

第0-1-2図　企業内外における労働移動の類型

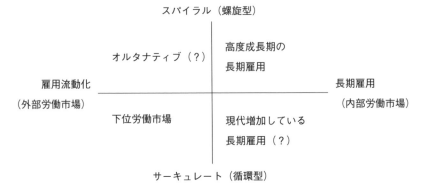

機構編（2017）は、1990 年代のバブル崩壊後は長期勤続のメリットが低下していることを指摘する。つまり、現代の長期雇用はサーキュレート型に近づいている可能性もある。労働需要側においても、製造業と非製造業を含めて競争力の回復が模索され続けていることを念頭に置くと、長期雇用のメリットが低下しているのかもしれない。

　そこで問題となるのが、そのオルタナティブとなり得るようなスパイラル型の雇用流動化が起きているか、である。しかし、1990 年代以降の長期的な低成長や労働力人口の高齢化を考えれば、スパイラル型の労働市場が新たに拡大しつつあるとは考えにくいという仮説もあり得るだろう。雇用流動化が起きているとしても、生産性の低い下位（secondary）の労働市場が拡大しているだけだということもある。労働需要側の視点でいえば、現象として「雇用流動型」の人事管理があるだけでなく、単体で拡大している産業や生産波及の高い産業において、「雇用流動型」の人事管理が導入されているのか。この点が重要となろう。

　以上のような可能性を踏まえたうえで、冷静な目で労働需要側の人事管理の実態と労働供給側の長期勤続と転職行動の双方の実態をとらえることで、企業の雇用慣行やそれにもとづく雇用社会の現状を描き出したい。

　これにより、今後の雇用政策を検討するうえで前提となる問題もより鮮明に描くことが可能になるのではないだろうか。

第 2 節　研究方法

1　企業班と個人班

　企業の人事管理の面からアプローチする企業調査班と個人の就業行動における離転職の動向を調査する個人調査班に分かれて、研究を実施した。本書は、その企業調査班と個人調査班の知見を照合して、総合的な知見をとりまとめたものである。

　企業調査班においては、個別企業の人事制度を詳細に把握する目的で事例調査を行った。個人調査班においては、個人の離転職行動が描く動線を把握する目的で、全国規模のアンケート調査を実施した。

　企業調査は大きく(1)企業の中途採用行動に関する調査、(2)新規事業開発と人事管理に関する調査、(3)産業や事業の「サービス化」のもとでの人事管理に関する調査の3つの調査を実施した。全て事例調査である[7]。

(1)　中途採用調査

　第二次産業と第三次産業の 1,000 人以上の大企業を中心に、社歴 20 年以上の 20 社が対象となっている（ただし、このうち 2 社は 500 人以上の企業）。内部昇進構造が成立する期間を経ている企業を対象とすることを目的に社歴の長い企業を対象としている。

　各社の調査対象者は人事部門関係者・採用担当者で、1 社あたりの調査時間は 60〜90 分である。調査は 2019 年 8 月から 2021 年 11 月にかけて実施した。

(2)　新規事業開発と人事管理に関する調査

　建設業、製造業、情報通信業（4 社）の大企業を対象に各社の新規事業開発に向けた取り組みと実践されている人事管理上の工夫や課題について聞き取りを行った。調査対象は、人事部門と新規事業開発に取り組む事業部門である（ただし、建設業の企業は新規事業開発に取り組んでいる組織のみ。情報通信の 1 社は人事部門のみ）。調査は 2020 年 3 月から 2021 年 11 月にかけて実施した。

(3)　産業や事業の「サービス化」のもとでの人事管理に関する調査

　製造業、情報通信業の企業①（本社とグループ企業 2 社およびその労働組合）、別の情報通信業の企業（IT 企業）、人材サービス業の企業（3 社）、コンテンツ産業の企業（3 社）を対象に、導入されている人事管理について聞き取りを行った。調査期間は、2019 年の 4 月から 2020 年の 9 月である。

7　(2)の調査の実施時期や対象者の詳細については労働政策研究・研修機構（2022a）を、(3)の各事例の調査の実施時期については労働政策研究・研修機構（2022b）を参照されたい。

3 **個人調査（職業と生活に関する調査）概要**

調　査　名：職業と生活に関する調査

調 査 対 象：全国 25〜64 歳の男女 12,000 人

標 本 抽 出 法：住民基本台帳を用いた層化 2 段無作為抽出法

調　査　法：訪問留置法

調 査 委 託 先：日本リサーチセンター

調 査 時 期：2019 年 11 月〜12 月

　　　　　　　　※新型コロナ問題の発生前

主な調査事項：初職・前職・現職の移動歴

　　　　　　　家族形成および定位家族との関係

　　　　　　　社会的ネットワーク、地域とのつながり

　　　　　　　海外との関係（海外での生活経験、仕事での取引等）

　　　　　　　健康状態

　　　　　　　長期雇用をめぐる意識　等

回 収 結 果：有効回収数 5,977 件、有効回収率 49.8%

第 3 節　主な知見と各章の要旨

1 **主な知見**

　企業の人事管理に関する事例調査と個人の転職行動に関する全国調査の両方から、今日の日本の労働市場について以下のような知見を得ることができる。

1) 日本の大企業は新卒採用・長期勤続・内部登用が原則といわれてきたが、飲食サービス等の非製造業の一部に、部長相当職を含む管理職を中途採用によって外部から調達することが一般的な企業がある。

2) 一方、近年成長が著しい IT 企業においては、必ずしも基幹人材の雇用流動化に前向きとはいえない面がある。例えば、今後の成長が期待される新規事業の開発を担う人材は内部調達を重視する傾向がある。

3) 労働者のキャリアにおいても、大企業のサービス業を中心に、初職の離職率が高く、転職が活発な労働市場が広がりつつある。

4) 「雇用流動型」セクターでも失業不安や仕事への不満が高いとはいえないが、転職経験者の収入は長期勤続者よりも低い。

つまり、日本の大企業には、「長期雇用型」と「雇用流動型」と呼びうる異質な2種類の雇用システムが併存している。

サービス業の拡大にともなって後者の労働市場は拡大傾向にあるが、非製造業においても、今後の成長が期待される事業の担い手は内部から調達される傾向があり、労働者の収入の面でも長期勤続した方がメリットは大きい。

非製造業でも経済成長を牽引するポテンシャルがあると考えられる業種の企業やマスとしてみた場合に高い収入を得ている労働者は「長期雇用型」の特徴を有しており、これに代わるオルタナティブとして「雇用流動型」の労働市場が日本経済を活性化するといえる兆しは現状ではみられない。

２　本章の構成と各章の要旨

一般に、雇用システム研究は、労働市場の実態から雇用システムの把握を試みると共に、規範としての雇用システムについても検討されてきた。本書もこの態度を踏襲しようと思う。雇用システムの転換の契機を把握するためには、労働市場の実態と当事者が「こうありたい」と願う意識の双方からの検討が必要となる。

そこで第1章では、制度派の労働調査の知見から、日本経済と雇用システムの関係を整理し、労使双方にとっての豊かな経済社会の基盤として長期雇用に着眼した研究が蓄積されてきたこと、その一方で、流動的な労働市場については中小企業が典型的であるが、経済的に下位に置かれた雇用システムとして位置づけられてきたことを振り返る。

そのうえで、第2章では、労働市場の構造の面から、その契機の把握を試みる。具体的には「雇用流動型」といえそうな人事管理が実際に存在しているのかを検証する。第3章では、規範としての雇用システムの検討のために、経済社会に対する影響が大きいと考えられる非製造業の業種の企業で導入されている人事管理を明らかにする。そのような業種において「雇用流動型」とみなせるような人事管理が実践されているのかを検討する。

第3章の方法的な特徴として、意識について、当事者に直接尋ねるのでは

なく、当事者の意識を反映して形成される人事諸制度から把握することを試みている点が挙げられる。こうした制度とその運用から、主体の意識の構造を把握しようとする態度は、制度派の労働調査（例えば戸塚他 1987; 1988; 石田 2003）でみられる態度を踏襲するものである。

そのうえで労働供給側の立場から、長期雇用層と雇用流動層の経済的な「豊かさ」について検討する。第4章では、労働者個人の職業経歴に着目し、「雇用流動型」のキャリアが観察されるのかを分析している。「雇用流動型」の雇用システムの存在を検討するにあたって第2章と第4章は対の関係にある。前者では企業の人事管理の視点から迫っている一方で、後者では労働者個人の職業キャリアの視点から迫っている。

さらに、第5章では、「雇用流動型キャリア」の「豊かさ」について分析している。例えば、「雇用流動型キャリア」の労働者は、高い収入を得ており、失業の不安がなく、仕事に対しても満足しているのであろうか。「雇用流動型キャリア」が労働者個人の職業生活の豊かさに貢献しているとすれば、それはオルタナティブとしての「雇用流動型」の人事管理のメリットを示唆しているといえるかもしれない[8]。

各章の要旨は以下の通りである。

第1章　雇用慣行を巡る調査研究―何を解明すべきか？

日本企業を対象に実施されてきた雇用慣行に関わる実証研究を振り返り、今問うべき課題を明確にする。日本的雇用慣行に関する実証研究は、経済学、社会学、人的資源管理論、労使関係論といった複数の研究分野で蓄積されてきた。本章では広い研究分野の貴重な業績を渉猟するという方法でなく、特定の分野の研究を中心に取り上げている。具体的には制度派の労働調査に位置づけられる、もしくは少なくともそれに近いと考えられる労働調査研究を主たる検討対象としている。特定の研究分野の先行研究を通じて、日本の雇用システムを考えるうえで今問われるべき論点の提示を試みた。先行研究レビューより、次の点についての検討が必要なことを指摘している。

8　「失業不安がなく、仕事満足度が高い」などの労働者の「自足的」な意識形態の成立を働き方の多様化の重要な指標とみなしたものとして稲上（1989）がある。

1) かつて制度派の労働調査が関心として有していた特定の雇用慣行と企業や労働者の「豊かさ」の関係を改めて検証する必要があること。

2) 上記の検討を通じて、例えば、企業や労働者に経済的な「豊かさ」をもたらすような「長期雇用型」のオルタナティブとしての「雇用流動型」の人事管理の可能性を問う必要があること。

3) 特に、望ましい雇用慣行についての解が見出されていない非製造業のホワイトカラーを対象に、オルタナティブとしての「雇用流動型」の人事管理の可能性を問う必要があること。

上記の事柄について、企業と個人双方から検討する必要がある。

第2章 「雇用流動型」人事管理の可能性——中途採用者の活用事例の分析

　大企業セクターにおいて、従来の「長期雇用型」とは異なる「雇用流動型」とみなせるような人事管理が存在しているのかを検証する。日本再生の1つの処方箋として雇用の流動化が主張されている。「働き方改革」から「新しい資本主義」へと政策の名称が変わるなかでも雇用流動化に対する期待は揺らいでいない。「ジョブ型」や「職務給」の導入といった雇用管理や処遇制度改革の必要性が説かれるのも、雇用が流動化すれば現在日本が直面している問題を解決することができるという期待による部分が大きい。また、マクロ統計から労働市場の実態をみても、大企業セクターにおいて中途採用者は増加傾向を示している。

　しかしながら、「流動人材」の増加が「長期雇用型」の人事管理の消滅を示しているとは必ずしもいえない部分もある。日本の大企業セクターにおいても長期雇用を前提とした内部昇進構造の形成過程における一過性のモデルとしてではなく、企業の主体的な選択の結果、「雇用流動型」が恒常的な状態として存在しているのか。この点について問うたのが第2章となる。事例調査の結果より、次の点が明らかとなった。

1) 新卒の内部昇進構造を前提とせずに「流動人材」を活用する企業は確

かに存在している。つまり、「雇用流動型」とみなせるような人事管理を実践している企業は確かに存在している。ここでの特徴は、事業企画などの全社の戦略を担うような管理職ポストへの人材調達方法として、中途採用による外部調達が行われていることである。そして、内部登用に置き換えようとする動きがあるわけではなく、中途採用での人材確保が想定されている。

2)　「雇用流動型」の人事管理の存在が確認できたのは、人材サービス、外食サービス、不動産サービスなどの一部のサービス業、インターネットサービスといった比較的創業年が新しい一部の情報通信業、外資系企業といった企業である。これらの企業は元々「雇用流動型」の人事管理であり、今後もしばらくはこのような人材活用が続くことが予想される。一方、事例の中でこのタイプに該当しなかった製造業の企業や情報通信にかかわるインフラの構築と整備を中核事業としているような情報通信業の企業では、中途採用者数は増えているものの長期雇用慣行にもとづいて人材が活用されており、「雇用流動型」への移行の萌芽は現状ではみられない。

3)　「雇用流動型」の構造が維持される要因の1つとして、一般社員層の大部分を占める営業職と基幹的業務を担う管理職の間に存在する求められる能力の断絶が挙げられる。人材サービス、外食サービス、不動産サービスなどの一部のサービス業においては、新卒社員の多くに求められる現場での対人サービス業務に必要な能力と管理職以上の組織階層の上位層に求められるマーケティングなどにもとづいた営業戦略の構築に必要な能力には違いがあり、そうした違いに対応できる社員が社内にいない（もしくはいたとしてもかなり希少）ため、中途採用を恒常的に利用して必要なスキルの確保に努めていた。このことから、事業のオペレーションで求められる能力と事業を管理する際に求められる能力の間に存在する必要な能力の断絶を乗り越えることができる人材の不足が、「雇用流動型」に近い人材活用を維持させている1つの要因となっていると考えられる。

4)　長期雇用慣行にもとづいて人材を活用する企業においても、雇用流動

層は確かに存在する。その1つに新規事業の立ち上げをサポートする専門人材がいる。近年「スペシャリスト採用」といった名称で企業の雇用区分の1つとなっていると共に、その処遇水準や決定方法において既存の正社員とは異なるルールが適用されている。ただし、こうした雇用区分の存在は、当該企業の雇用慣行に変容をもたらしているわけではない。

5) 嘱託契約での確保から、雇用区分の設立という変化にみられるように、このような専門人材自体の量は増加している。全社の中では少数派であるものの、単独での数自体は増加しているといえよう。そして、こうした専門人材は定年までの定着が想定されていない。無期雇用も可能な場合はあるが、「提示する処遇水準に合意するかぎり」という条件がついていた。逆をいえば、長くいるからといって総合職のように一定の昇給が保障されているわけではない。ある種のプロスポーツ選手にみられるような組織と個人間のドライな関係性が想定されているといえる。また、適用される処遇制度もKPIの達成率で報酬額が決まるような制度となっていると共に、外部市場の報酬水準との連動性が高い制度となっている。この点も職能を基準にする場合であれ、職務を基準にする場合であれ、社員等級の等級ごとに設定された賃金表と自社で設計したプロセス評価と成果評価にもとづいて昇降給額が決められる正社員の処遇制度とは異なっている部分である。

　以上より、大企業セクターにおいて、「長期雇用型」と「雇用流動型」が併存しているのが現在の状況のようである。このことから、中途採用の増加によって、特定の雇用システムの解体が生じているわけではなく、それぞれが従前から築いてきた雇用システムを維持していることが読み取れる。言い換えれば、中途採用の増加は、「雇用流動型」への転換を促しているわけではないといえる。ここから、従前から「長期雇用型」のもとで人材を活用している企業の雇用システムには変化が生じていないという姿が浮かび上がってくる。

　ただし、「長期雇用型」の企業においても、「スペシャリスト採用」に代表

される既存の正社員の処遇制度に組み込まれることなく、社内の新卒組の正社員の平均収入を上回るような「流動人材」が活用されている。長期雇用慣行にもとづいて人材を活用している企業において、高い処遇を得ている高スキルの雇用流動層、言い換えれば豊かな「流動人材」の活用が進んでいることは確かなことである。見誤ってはならないことは、こうした雇用流動層の増加が、企業の雇用システムそのものの解体をもたらしているわけではないことである。また、その数自体はそれほど多くはなく、労働市場においてはニッチな存在であることが窺える。したがって、このような雇用流動層を念頭に、雇用の流動化を望ましい人事管理とみなして議論することは、危険であるといえよう。

第3章　情報通信業の人事管理にみる長期雇用のゆくえ

　企業で実際に導入されている人事管理の実態にもとづき、雇用システムの転換の可能性について検討する。第1章でも指摘したように、雇用システムの転換を示すような契機が企業内部において観察されるのか。この点について検討した。その際、対象産業として企業、個人、経済に「豊かさ」をもたらす可能性の高い産業を選定することとした。公表されているマクロデータから、労働者個人、企業の競争力、経済社会のそれぞれのレベルにおいて、情報通信業の重要性が示されていると考えられたことから、情報通信業の企業で導入されている人事管理の実態を明らかにした。特にホワイトカラー研究において、既存の制度派の労働調査が対象としてこなかった企業（メガベンチャー）や企業内での行為（新たな事業を生み出す行為）に注目し、そこで導入されている人事管理について調査を実施した。本章で明らかになったことは次の点である。

1)　新卒重視、人材の内部調達、雇用保障といった「長期雇用型」の特徴と思われるような人事管理が各事例において随所にみられた。新たな事業を生み出す行為は、内部の人材を中心に行われているようである。特に事業のアイディアを生む社員について、外部から積極的に調達しようとする動きはみられなかった。アイディアの創出から事業化

までのフェーズにおいては、内部から人材を調達するという選択がとられることが多いようである。

2) 事例企業では能力主義にもとづいた等級制度、つまり、職務とは切り離された等級制度を導入している。職務等級に近い制度を導入しているところはなかった。メガベンチャー（B社、C社）や創立から間もない成長企業（D社）においても、職務にもとづいた等級は導入されていなかった。創業から成長を続ける企業においては、能力をベースとした等級制度が馴染むようである。いずれの企業であっても役職と等級は緩やかに対応しているものの、厳密には対応させていなかった。下位等級の者であってもプロジェクトの責任者として事業開発に取り組めるようになっている。このように、社員の能力にもとづいた等級制度の設計は、社員のポテンシャルを考慮した抜擢の実施を容易にしている面がある。比較的設立の新しい情報通信業の企業においても、社員等級において能力がその設計基準になっていたことは見逃してはならないことだと思われる。

3) なぜ、上記のような人事管理のもとで人材を活用しようとしているのか。成長のためには新たな事業を開発していく必要がある。しかし、そのような挑戦は失敗のリスクと隣り合わせである。A社の「千三つ」といった表現に端的に表れているように、失敗のリスクを恐れずに挑戦する行動が求められる。事業開発のプロジェクトを任された責任者がこうした行動をとることを促すために、いかなる処遇制度が適しているのか。事例企業からわかることは、失敗した際に処遇の安定を担保することで、社員から挑戦的な行動を引き出そうとしていたことである。各事例とも、成果に対する成功報酬によってそうした行動を引き出そうとはしていなかった。程度の差はあるものの、事例企業では人事評価において、社員がとった行動を重視している。

4) 内部の人材プールから人材を調達している積極的な理由として、外部からの調達では①事業開発のスピードに対応できないこと、②外部労働市場の基準はあくまで職種であり、企業成長を牽引していくようなポテンシャルの高低を判断することができないこと、③プロジェクト

　　　　失敗後の活用が難しいことが挙げられる。このような理由から、内部
　　　　人材を活用する方が企業にとって合理的だと考えられている。

　5)　　ただし、既存の労働市場の構造上の制約が、内部人材中心の人事管理
　　　　となっている面があることも否定できない。現状では新卒労働市場に
　　　　優秀人材が集まっていることが、拡大する産業における人事管理の類
　　　　似性をもたらしている要因の1つであると考えられる。このことは、
　　　　かつて日本の製造業ブルーカラーの人事管理が後発ゆえに時代への高
　　　　い適応力をみせた一方で、欧米先進諸国がその適応に苦労したことと
　　　　同じことが起きている可能性を示唆する。市場構造の特徴から選択肢
　　　　が限られてしまっているからこそ、情報通信業におけるベンチャーが
　　　　成長等と共に内部登用と能力主義の人事管理へと傾倒していく状況を
　　　　生んでしまっているのかもしれない。

　以上をまとめると、内部の人材プールの活用や能力主義の人事管理は、一
定の経済合理性を持つものとして企業当事者に受け入れられているといえ
る。新たな事業を生み出すというようなゼロから1を生み出す失敗のリスク
の高い行動を社員から継続的に引き出すために、組織が講ずる人事管理上の
対応として一定の合理性が見出されているのであろう。非製造業のなかで日
本経済やその雇用に小さくない影響を与える情報通信業においても、企業に
成長をもたらすような業務の遂行は、内部の人材プールからの調達によって
行われているようである。この点から、「雇用流動型」の人事管理のもとで
日本経済を牽引できるような企業集団が、情報通信業から生まれつつあると
いう兆候は、現在の当該産業における成長企業の事例からはみられなかった
というのが現時点での結論である。
　その際、「長期雇用型」と思われるような人事管理に期待している機能と
して、従来指摘されてきたような能力開発といった面や遅い選抜を通じた人
材間の競争による動機づけといったものとは異なる機能が期待されている。
制度の外観をみると、大きな違いはみえにくいが、期待されている機能とし
て、処遇の安定性、すなわち、能力主義にもとづく人事諸制度が有するセー
フティネットとしての側面が重視されている傾向がみられた。従来の能力主

義の持つ安定性は、社員の生活面の向上、すなわち、労働供給側の生活の豊かさに寄与するものとして捉えられてきたと思われるが、事例企業では企業の競争力の向上、すなわち、労働需要側の競争力（企業の繁栄）に寄与するものとしても捉えられている。制度の持つ柔軟性が、制度の原則は維持しつつ、運用を変化させるという選択を当事者に取らせているといえよう。既存の「長期雇用型」の人事管理が維持される要因の1つがここにあると考えられる。

第4章　サービス産業化と雇用流動化——個人のキャリアに着目して

　第2章で確認された「長期雇用型」と「雇用流動型」の雇用システムの併存関係が、労働者個人のキャリアに着目しても観察されるかを検討する。

　労働者個人のキャリアの視点から「長期雇用型」と「雇用流動型」の雇用システムを論じるうえでは、地位達成プロセスという職業移動に注目することが重要である。日本的雇用慣行では、労働者の地位達成にあたり、学卒後最初に就いた仕事を長期的に勤め続け昇進によって職業的地位を上昇させる、内部労働市場を通じた職業移動が重要視されている。これが「長期雇用型キャリア」である。それと対照的な「雇用流動型キャリア」は、理念型的には転職による外部労働市場を通じた職業移動によって地位達成を行うことであるが、何よりも「初職を離職する」という点に特徴がある。したがって、真に「流動的」な「雇用流動型キャリア」は、中高年期における転職によって職業的地位の向上が行われていると想定される。

　以上を踏まえ、産業間における労働者個人の職業キャリア分布を分析したところ次のことがわかった。

1)　製造業、建設業、金融・保険業、不動産・物品賃貸業、運輸・郵便業、情報通信業・マスコミは、初職継続キャリアの割合が高く「長期雇用型」セクターに分類される。卸売業、小売業、宿泊業・飲食店・娯楽業、その他サービス業、医療・福祉、教育・学習支援、専門サービス業は、初職継続キャリアの割合が低く「雇用流動型」セクターに分類される。

2) 産業セクターに関わらず、転職の多くが若年から壮年期までに生じており、雇用流動性の実態は初職継続傾向の弱体化、つまり若年初期キャリアの不安定化である。

3) 「長期雇用型」セクターと「雇用流動型」セクターを横断する転職は少なく、2つの雇用システムが併存している。

すなわち、労働者個人のキャリアという視点からも、「長期雇用型」と「雇用流動型」の併存関係は観察される。「雇用流動型キャリア」がサービス産業や一部の第三次産業に多いことから、1990年代以降徐々に認識されるようになっている労働市場の雇用流動化はサービス産業化と関連していることがわかる。さらに、こうした「雇用流動型キャリア」の実態は、初職継続の弱体化であり、中高年期の転職の一般化ではない。

第5章　雇用流動化と職業生活の豊かさ
──労働者個人の職業的地位達成への注目

第4章の知見を踏まえ、「雇用流動型キャリア」が労働者の職業生活に豊かさをもたらすのかを検討する。第4章の知見と今後のサービス産業化の進展にもとづけば、「雇用流動型」の雇用システムがもたらすインパクトは多くなると予想される。「雇用流動型キャリア」によって豊かさがもたらされるのかによって、今日観察されている雇用流動性への評価（スパイラルかサーキュレートか）は変わる。以上を踏まえ、「雇用流動型キャリア」が収入・仕事満足度・失業不安に対してどのような影響を与えているのか分析したところ、次のことがわかった。

1) 仕事満足度に関しては、男性では初職継続者のほうが高く、女性では転職経験者のほうが高い。

2) 失業不安に関してはやや差が小さくなるが、男女ともに「長期雇用型」セクターにおいてのみ転職経験者のほうが高い。

3) 年収に関しては、いずれのセクターにおいても転職経験者のほうが低い。

4) 管理職層の男性に限定した場合、「長期雇用型」セクターではキャリ
ア間の差異がほぼ消滅するものの、「雇用流動型」セクターでは転職
経験者の不利が残っている。

　すなわち、「雇用流動型キャリア」が労働者個人の職業生活に豊かさをも
たらしているとはいえない。もっとも、第4章で確認したように今日の雇用
流動性の実態は初職継続の弱体化であり、「初職を離職する」ということが
豊かな職業生活の獲得への制約となっている。以上から、今日の「雇用流動
型キャリア」をスパイラル型としてポジティブに評価することは難しいとい
える。

参考文献

石田光男（2003）『仕事の社会科学——労働研究のフロンティア』ミネルヴァ書房.
石田光男・上田眞士編著（2022）『パナソニックのグローバル経営——仕事と報酬のガバナンス』
　ミネルヴァ書房.
石田光男・富田義典・三谷直紀（2009）『日本自動車企業の仕事・管理・労使関係——競争力を維
　持する組織原理』中央経済社.
石田光男・藤村博之・久本憲夫・松村文人（1997）『日本のリーン生産方式——自動車企業の事例』
　中央経済社.
稲上毅（1989）『転換期の労働世界』有信堂高文社.
稲上毅（2005）『ポスト工業化と企業社会』ミネルヴァ書房.
今田幸子（1996）「女子労働と就業継続」『日本労働研究雑誌』No.433 pp.37-48.
菅野和夫（1996）『雇用社会の法』有斐閣.
菅野和夫（2002）『新・雇用社会の法』有斐閣.
菅野和夫（2004）『新・雇用社会の法（補訂版）』有斐閣.
戸塚秀夫・兵藤釗・菊池光造・石田光男（1987）『現代イギリスの労使関係——自動車・鉄鋼産業
　の事例研究（上）』東京大学出版会.
戸塚秀夫・兵藤釗・菊池光造・石田光男（1988）『現代イギリスの労使関係——自動車・鉄鋼産業
　の事例研究（下）』東京大学出版会.
永瀬伸子（2002）「若年層の雇用の非正規化と結婚行動」『人口問題研究』第58巻第2号 pp.22-35.
間宏（1996）『経済大国を作り上げた思想——高度経済成長期の労働エートス』文眞堂.
濱口桂一郎（2009）『新しい労働社会——雇用システムの再構築へ』岩波書店.
久本憲夫（2008）「日本的雇用システムとは何か」仁田道夫・久本憲夫編『日本的雇用システム』
　ナカニシヤ出版所収.
宮本光晴（2014）『日本の企業統治と雇用制度のゆくえ——ハイブリッド組織の可能性』ナカニシ
　ヤ出版.
労働政策研究・研修機構編（2007）『日本の企業と雇用——長期雇用と成果主義のゆくえ』労働政
　策研究・研修機構.
労働政策研究・研修機構編（2017）『日本的雇用システムのゆくえ』労働政策研究・研修機構.
労働政策研究・研修機構（2013）『労働政策研究報告書 No.158「多様な正社員」の人事管理に関す
　る研究』労働政策研究・研修機構.
労働政策研究・研修機構（2016）『労働政策研究報告書 No.185 働き方の二極化と正社員——

JILPT アンケート調査二次分析結果』労働政策研究・研修機構.
労働政策研究・研修機構（2021）『労働政策研究報告書 No.210　長期雇用社会のゆくえ——脱工業化と未婚化の帰結』労働政策研究・研修機構.
労働政策研究・研修機構（2022a）『労働政策研究報告書 No.220　長期勤続システムの可能性——中途採用と新規事業開発に着目して』労働政策研究・研修機構.
労働政策研究・研修機構（2022b）『労働政策研究報告書 No.221　変わる雇用社会とその活力——産業構造と人口構造に対応した働き方の課題』労働政策研究・研修機構.
Cappelli, P. (1999) *The New Deal at Work: Managing the Market-Driven Workforce*, Harvard Business School Press.（若山由美訳（2001）『雇用の未来』日本経済新聞社）.

第1章　雇用慣行を巡る調査研究
——何を解明すべきか？

西村　純

第1節　はじめに：日本的雇用慣行の評価

　日本の労働を巡る議論では、会社内での人材活用にかかわり形成されている慣行、すなわち、日本的雇用慣行に対して高い関心が注がれてきた。その主要な特徴として、長期雇用、年功制、年功賃金、企業別組合などを挙げることに異論をはさむ者はいないと思われる。これらの特徴は、それに対する評価が変わることはあっても、その存在自体は、多くの研究者間で認められてきた事柄である。昨今、改革の対象として見なされる日本的雇用慣行であるが、これまでも幾度となくその問題点や限界が指摘されてきた。古くは近代化の文脈で、日本の労働市場や賃金制度は、日本の遅れの象徴として改革の対象となってきた。①労働市場の企業的封鎖性の解体、②賃金の職務給化、③労働力の販売主体として主体性を持った労働者の必要性などが主張されていた。現在においても、特に①と②、すなわち長期雇用慣行や日本の年功的な処遇は、雇用の流動化の主張と共に、改革を論じる際に是正すべき事柄の一丁目一番地として位置づけられてきたように思われる。

　さて、本章の目的は、日本企業を対象に実施されてきた雇用慣行にかかわる実証研究を振り返り、今問うべき課題を明確にすることである。日本的雇用慣行に関する実証研究は、経済学、社会学、人的資源管理論、労使関係論といった複数の研究分野で蓄積されてきた。本章では広い研究分野の貴重な業績を渉猟するという方法でなく、特定の分野の研究を中心に取り上げている。具体的には制度派の労働調査に位置づけられる、もしくはそれに近いと考えられる労働調査研究を主たる検討対象としている[1]。特定の研究分野の先

1　制度派といった場合の対象の範囲について共通の見解があるわけではない。例えば佐口（2008）は、新古典派経済学とは異なるアプローチで、労働にかかわる制度や歴史を分析する潮流として

行研究を通じて、日本の雇用システムを考えるうえで今問われるべき論点の提示を試みたのが本章となる。

第2節 「豊かさ」への関心

1 解体の対象としての日本の雇用慣行

　産業構造や労働力構成の変化と共に労働研究の関心の対象も変化している。社会は生ものであるから、時代と共にその関心が移り変わるのはごく当然のことである。しかし、過去の研究において問われていた関心のうち、忘れてはならないものもある。例えば本書の対象である日本の雇用慣行にもとづいて作られた諸制度（雇用管理、能力開発、賃金、労使関係など）に関する変容を問う研究は蓄積される一方で、そもそもそれらの諸制度が研究されてきた動機については忘れ去られてしまっていることもあるのではないだろうか[2]。

　例えば長期雇用慣行の存在自体を検証した研究は数多くある[3]。また、雇用システムを構成する諸制度間の新たな関係性を解明した研究もある[4]。ここ数年間の労働を対象とした改革論議（「働き方改革」、「新しい資本主義」など）では、日本の雇用慣行に対して高い関心が払われている。しかしながら、昨今の「メンバーシップ型」から「ジョブ型」へといった議論を見ていると、日本の雇用慣行に対する改革の必要性が謳われるものの、そもそもそうした雇用慣行の存在を発見してきた研究にあった調査の動機については忘却されてしまっている場合も多いように感じる。

いる。本章の想定も基本的にはこの定義と同様である。ただし、本章で主に取り上げているのは、労働をどちらかというと経済的取引の関係とみなし、その現状分析を行った調査研究となっている。また、その対象は国内の研究者の研究に限定されている。その意味では制度派のなかでも限られた範囲を対象としている。
2　例えば近年の変革を論じたものとして鶴編（2019）。
3　近年の丹念な研究としては例えば神林（2017）。長期勤続者と短期勤続者について、企業の残存率にもとづいて丹念に分析している。また、マクロ統計にもとづきその存在を確認したものとして高橋（2017）もある。その他、企業内の昇進構造の特徴を明らかにしたものとしては上原（2007）など。
4　例えば青木（2022）は、鉄鋼業を対象に労使関係制度と他の諸制度の関係について、それまで論じてこられなかった新たな関係性を発見している。

　少なくとも制度派の労働調査と括られるような調査研究においては、その問いの根底には「豊かさ」に対する強い関心があったと思われる。戦後初期の労働調査における共通する「問い」の背景には、日本経済の再生に対する高い関心があった。例えば、戦後の東京大学社会科学研究所グループを中心とした労働調査を取りまとめた山本（2004）は、労働市場の企業的封鎖性や年功秩序といった日本的雇用慣行の諸特徴の発見のもととなった「京浜工業地帯調査」が行われた時代にあった核心問題として次の点を挙げている。

　「日本経済の自立再建期（中略）日本資本主義の「自立再建」のコースは、戦中・戦時のような〝軍需品生産〟重化学工業を中心とした立国であるのか、平和産業としての繊維製品輸出立国か、あるいはまた平和産業としての重化学工業〝民需品〟輸出立国か、ということが問われていた。そして、重化学工業〝民需品〟輸出立国の立場にたって、国際競争力ある重化学工業の〝生産力基盤〟、とりわけ労働力基盤と中小企業の生産力整備のための諸条件を明らかにせんとしたのが、No.17～19（山本のナンバリング・・・筆者）「京浜工業地帯調査」であった」（山本 2004 p.20）。

　上記のとおり、日本が今後伸ばすべき産業や企業の競争力、すなわち、労働需要側の「豊かさ」に対する関心に加えて、戦後初期の調査は、労働力の販売側である労働者の「豊かさ」にもその関心が注がれていた。ここでいう「豊かさ」には、所得といった経済的な側面に加えて、企業に従属しない自立した労働者という精神的な側面での「豊かさ」も含まれていた。例えば、氏原（1966a）は次のように指摘する。

　「この研究報告は、京浜工業地帯における労働市場メカニズムを究明し、この地帯における工業労働力の基盤を明らかにしようとしたものである。いうまでもなく、労働力は生産要素の一つとして、自然的諸条件、交通の便宜、資本の条件などとともに、特定の産業の経済的決定因の一つである。（中略）その意味で、この報告書は、京浜工業地帯における産業の基

礎を労働力という側面からアプローチすることを一つの目標とした」（氏原 1966a p.345）。

経済力の面における「豊かさ」に対する関心である。と同時に、次のようにも指摘する。

「もともと、労働力の問題は単に産業の基礎にかかわる「経済的問題」だけではない。それは、工業地帯およびその周辺における労働力の顕在的および潜在的供給者たる住民の生活に直接関わることだからである」（氏原 1966a pp.345-346）

ところで、氏原（1966a）にもとづけば、ここでいう「生活」とは、所得等の経済的な豊かさのみに関心が置かれているわけではない。日本の労働者が、「近代的賃金労働者」として職業キャリアを全うできるのか。現代風にいえば、自身の働き方に誇りを持ち、企業に従属しない自立した労働者として職業キャリアを歩める存在になり得るのか。この点にも関心が置かれていた。

このように、特定の雇用慣行と「豊かさ」は、制度派の労働調査が雇用慣行の解明にあたり、根底に有していた大きな問いの1つであったといえよう。議論を先取りすると、1950年代は、その「豊かさ」が職場労働者の「近代化」によってもたらされるものと考えられていた。戦勝国である欧米諸国の雇用慣行に日本を近づけること。誤解を恐れずにいえば、これこそが敗戦後の日本の労働者や経済社会に「豊かさ」をもたらすと考えられてきた。それゆえ、職場に根付いていた長期雇用慣行や年功秩序は解体の対象であったわけである。

しかしながら、1970年代以降の日本の繁栄は、安定した雇用、内部登用、年功的な賃金カーブといった日本的雇用慣行の諸特徴こそが目指されるべき姿であるという、それ以前とは180度異なる風潮を生み出した。

確かに経済的な豊かさの裏で精神的な「貧困」が深まったという指摘は

あった[5]。また、繁栄をもたらす制度として認識された後も、早期選抜の推進や成果主義賃金の導入など、主たる要素の部分的な改良への取り組みが行われることはあった。しかしながら、日本的雇用慣行にもとづいて形成される諸制度は、解体の対象にはなってこなかったと思われる。日本的雇用慣行の諸特徴は、後進的なものではなく先進的なものとして捉えられるようになったのである。

その代表的な研究として、小池和男や石田光男の研究が挙げられる（例えば、小池 1977; 石田 1990）。これらの研究も含めて、日本の職場で見られた雇用慣行に対する評価の転換については、節を改めて取り上げるとして、日本的雇用慣行と「豊かさ」を巡る評価の逆転の背景について、別の角度からもう少しだけ考えてみたい。

2　オルタナティブを手に取れる実態として認識する試み

たしかに、日本経済の発展という外的要因が、評価の逆転に影響を与えた側面は多分にあったと考えられる。とはいえ、外的要因のみが、日本の雇用慣行の評価を逆転させたと断言するのは早急である。もう 1 つの要因として、具体的なオルタナティブとしての雇用慣行の存在が見出せなかったこともあったとも思われる。職場の「近代化」とは、当時の言葉を借りれば「近代的賃金労働者」を生み出すということになろう。「近代的賃金労働者」について、前出の氏原（1966a）や大河内・氏原・藤田編（1959）に依拠してその特徴を示すと、準拠集団の単位を企業ではなく特定の職業とし、交渉を通じて労働力の取引（どの程度働いて幾ら貰うのかを決める取引）を行う主体性を有した労働者ということになろう。では、このような存在がいかなる労働力の取引を実践し、それが企業経営にいかなる影響を及ぼしているのか。これに正面から挑戦したのが戸塚他（1987）であった。

戸塚らの研究チームは「近代的賃金労働者」の典型例であるイギリスを対象にそこでの労働力取引の実態を明らかにしようとした。イデオロギーに基づいた雇用モデルの解釈論議を乗り越えてあるべき雇用慣行を論じるために

5　ノンエリートの生き方・働き方という点を軸に日本の精神的な「貧困」を論じたものとして例えば熊沢（1981）。

は、必要な作業であったといえよう。戸塚らの調査は、経営の合理化における労使関係の展開を明らかにしようとしたものであるが、注目したいのは、彼らが問題関心の設定において仮説的に想定していた事柄である。やや長いが引用したい。

「第1は、イギリスは現在でもなお、現代資本主義の世界のなかである意味では最も先進的な国の一つと想定されていた、ということである。やや単純化すれば、近年イギリスが直面している経済的諸困難は、現代資本主義に特有な社会改良的諸制度がイギリスで早くから広くかつ深く根をはってきた、ということの一つの結果でもある、と捉えうるのではないか。今日イギリスをはるかに凌ぐ勢いで成長しつつある国々も、仮にそれと類似の社会的改良諸制度を整えていった場合には、早晩イギリスと同様の袋小路にたどりつく可能性はないか。われわれは、何故にイギリスにまで実態調査の足をのばしたのか、という現地の労使関係当事者たちの質問に対して、上のような仮説をもって答えた」（戸塚他 1987 p.4）。

「第2は、労働組合は職場レベルでの労働諸条件への規制を強化することによって、産業の効率的運営、生産性の向上にマイナスの効果をおよぼしうる組織である、と想定されていたことである。（中略）もちろん、われわれは、イギリス産業の衰退の主な責任は労働組合にある、という近年流行の政治的見解に与するものではない。産業の衰退には、設備投資の不足、技術開発の遅れ、経営側内部の非効率など、種々の要因が作用している。また、イギリスの場合でも、一般的に、労働組合が経営の管理責任を与えられたことはない。したがって、上のような政治的見解を批判すること自体は容易である。だが、問題はむしろ、経営の管理責任から排除されてきた労働組合が、職場レベルでの活動を拡充・強化した場合に、産業の効率性にいかなる影響を及ぼしうるのか、という点にあろう。われわれがこの調査研究において、イギリス労働組合の職場規制の実態に深く立入ろうとしたのは、およそ上のような関心からである」（戸塚他 1987 p.5）。

　本研究は、労使関係研究ではないので、議論を混乱させてしまうことになるかもしれない。しかし、あえて引用したのは、２つの想定に見え隠れする態度は、現在の雇用慣行を巡る議論においても、重要になってくると考えるからである。第１の想定は、働き方のオルタナティブを実態に即して検証するという態度の表れだといえる。戸塚他（1987）は、日本のオルタナティブとしての働き方（具体的には非日本的な雇用慣行の諸制度のもとで働く「近代的賃金労働者」）をイギリスに設定し、その可能性と限界を問うとした。そして、その可能性と限界を判断する際の基準として、イギリス的な労働がもたらす産業や経営の「豊かさ」に対する影響が置かれていたといえよう。上記で引用した第２の点である。言い換えれば、「近代的な賃金労働者」が経済社会に「豊かさ」をもたらす存在なのか。分析者の頭のなかで作りあげられる「働き方」ではなく、現実社会に確かに存在する手に取ることができる「働き方」を通じて、オルタナティブとしての働き方の可能性を問うたのが、戸塚他（1987）だったといえる。

　丹念な職場調査は、結果として、ずさんな経営管理と共に存在していた屈強な職場労働者集団（労働組合）や、所得引き上げの方法に関する労働組合内部における労労対立の存在など、「近代的賃金労働者」は産業や企業に「豊かさ」をもたらす存在ではないことを実証してしまったといえる。しかしながら、職場のヒアリング調査を通じて、特定の制度（例えば戸塚他（1987）では出来高賃金制から計測日給制への賃金制度改革）の変化について、当事者の主観の構造にまでおりたち、手に取れる労働として、そのオルタナティブの可能性を追求した戸塚達の態度は、制度派の労働調査の伝統的な態度として忘れてならないことだと思われる。

　こうした働き方のオルタナティブの未発見は、日本的な雇用慣行の評価の再逆転をもたらすことなく、それにもとづく諸制度が批判されることはあっても解体の対象とはならなかったことに繋がっていると考えられる。

３　制度派の労働調査から引き継ぐべき方法的態度

　さて、制度派の労働調査がいかなる関心のもとで雇用慣行を見ようとしてきたのか。この点について、戦後初期の調査研究を手がかりに確認した。こ

第 1-2-1 図 「豊かさ」を巡る労働調査の問題関心

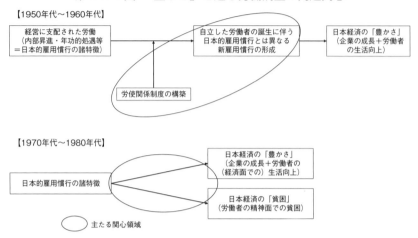

【1950年代〜1960年代】

```
経営に支配された労働          自立した労働者の誕生に伴う       日本経済の「豊かさ」
（内部昇進・年功的処遇等  →   日本的雇用慣行とは異なる    →   （企業の成長＋労働者
＝日本的雇用慣行の諸特徴）      新雇用慣行の形成              の生活向上）

              労使関係制度の構築
```

【1970年代〜1980年代】

```
                              日本経済の「豊かさ」
                              （企業の成長＋労働者の
                              （経済面での）生活向上）
日本的雇用慣行の諸特徴
                              日本経済の「貧困」
                              （労働者の精神面での貧困）

        主たる関心領域
```

こまでの議論をまとめると、「豊かさ」への関心と共に実施されてきたのが制度派の労働調査であったといえる。第 1-2-1 図は、上記の指摘にもとづいて、1950 年代や 1960 年代の関心と 1970 年代や 1980 年代の関心をまとめてみたものである。図の通り、1950 年代は、企業に内包されない自立した労働者、言い換えれば労働力の販売者として主体的に行動する労働者の形成が「職場の近代化」をもたらし、ひいては日本経済の豊かさ（この場合再建）をもたらすと考えられていた。そして、その重要な当事者として労働組合が、制度として労使関係制度が置かれていた。そのため、「交渉」、「協議」、「発言」といった職場の民主化の実態の把握が主な関心事項となっていた。

労使関係制度と労働者の近代化について、イデオロギーにもとづいた手に取ることのできない労働にもとづいて主義主張を行うのではなく、職場の事実関係を整理し、手に取れる労働にもとづいて議論しようとしたこと。これがこの時代の特徴であったといえよう。この伝統は、1970 年代から 1980 年代も引き継がれていく。

一方で日本の雇用慣行に対する評価については、1970 年代以降に一転する。自立した労働者の未形成は、経済の発展や労働者の所得の上昇を妨げるものではなく、むしろ発展させるものとして捉えられるようになった。こう

したなかでの関心は、日本的雇用慣行を所与として、それが日本経済や労働者に対して与える影響となる。それに伴い調査手法の洗練が重要な課題となっていった。小池和男の熟練研究、石田光男の賃金研究などは、この調査手法の洗練が目指されるなかで生まれてきたものだといえよう。両氏の調査手法への強いこだわりは、下記のような指摘の中に見られる。やや長いが、引用したい。

「労働問題の核心は熟練の内実であり、例えば職場の効率を大きく左右する、と思っていた。にもかかわらず、それはほとんど明らかにされておらず、それでは日本と他国の職場の効率差の技術的理由をみのがし、企業への忠誠心などという、えたいの知れない「文化」の差として解釈してしまうことになる（中略）この熟練という核心に切りこもう、と心にきめていた」（小池・猪木編 1987 p. i ）。

「実際、熟練の比較調査は、ささやかながらフィールドワークなのだ。熟練は多くの場合職場の慣行として形成されていく。慣行は記録されず、機械のそばで、職場のことをよく知るひとに、直接きかなければならない。（中略）熟練のように質的で奥深いものについては、そのかんどころ、あらわれ方を日本の職場をなん回もたずね、ベテラン労働者にじっくりときく。そして、仮説をくみたて、観察のための指標を用意する。ききとりはおそろしく理論を必要とするものであって、この過程を怠ると、何をどう聞いてよいかわからない。お宅の技能とはどのようなものですかという問いくらい、おろかな聞き方はない」（小池・猪木編 1987 p. ii ）。

「私達は企業社会の分析の方法を持っていないのではないかという懐疑から、少なくとも私は自由ではない。企業社会は無限といってよい事実の集積であるが、この無数の事実の中から分析者として何を拾い出すのか、という調査屋にとってまったくゆるがせにできない第一歩に関して私達は今まで何事も煮詰めた議論を持ったことがないという現実に裏打ちされている」（石田 1990 p.2）。

「国により時代により異なってあらわれてくる違いを、まず何によって識別するのかが吟味されなくてはならないのである。違いそのものの識別の指標をどこに求めるのかが第一義的に重要なのであって、違いをボンヤリとイメージしておいてそうした違いが何に由来するのかをこれまた主観的に取捨選択するというやり方に期待をかけるべきではない」（石田 1990 pp.5）。

しかし、その後のこの分野の研究を振り返ると、これには1つの弊害もあったように思われる。配置、昇進管理、賃金制度といった人事管理にかかわる諸制度それ自体の解明に力点が向く一方で、調査手法の洗練の背後にあった手に取れる労働にもとづいた「豊かさ」への問いという視点は、薄れていってしまったように思われる。その結果、現在を対象とした「現地性」と「同時性」を有した情報にもとづいて、雇用システムを論じるような議論が少なくなってしまっているのではないだろうか[6]。

キャリア研究や賃金制度研究は蓄積されたが、かつて見られたような事実発見を通じて「豊かさ」に対する解釈論議が交わされることが少なくなってしまっているように思う。現在、日本的雇用慣行が目の敵にされ、働き方の転換が主張される世の中なのに、である。具体的には戸塚が追い求めたようなオルタナティブとして想定されている働き方について、手に取れる働き方と「豊かさ」の関係で論じること。本来、制度派の労働調査の得意分野であるはずであった方法的態度にもとづいた調査研究が、個別諸制度の研究蓄積の一方で、思いのほか少なくなってしまっているのではないだろうか。

したがって、少なくとも、経済的、もしくは精神的な「豊かさ」のいずれかとの関連を念頭に置いた「特定の働き方」に対する調査研究が必要になってくると思われる。ここに対する関心を失ってしまうと、雇用システム研究は、現実社会との関連性を失ったものになってしまわないだろうか。分析手法の科学性の追求のみではなく、現実社会との関連性を意識したかつての制度派の労働調査の研究態度にもとづいた調査研究が、今求められているので

---

6 「現地性」と「同時性」については猪木（2021）を参照。「現地性」とは対象と同じ場所で書かれたものかどうかであり、「同時性」とは対象と同じ時に書かれているかどうかである。

はないだろうか。

「現地性」と「同時性」を有した情報にもとづいた手に取れる労働にもとづいて議論すること。その際に「豊かさ」との関連で論じること。こうした方法的な態度にもとづいた雇用システム研究が必要なように思われる。では、こうした視点で見た際に、日本の雇用慣行を取り上げている既存の研究は何を明らかにし、何を明らかにできていないのか。この点について節を変えて整理する。

第 3 節　雇用慣行を巡る調査研究レビュー

雇用慣行を論じる際に気を付けなければならないことは、議論の平仄を揃えることにある。一方が製造業ブルーカラーの世界を念頭に置きながら望ましい雇用慣行を論じる一方で、他方が IT 企業のホワイトカラーを念頭に置きながら望ましい雇用慣行を論じたとする。飛び交う言葉は「長期雇用」、「雇用の流動化」、「年功序列」、「成果給」など共通していたとしても、互いに想定している世界が異なれば議論はかみ合わないままとなろう。

そこで、本節では、①製造業ブルーカラーの世界、②非製造業の現場労働者の世界、③ホワイトカラーの世界に分けて、既存の調査研究を整理する。その際、前節で指摘した「豊かさ」という視点にもとづき、各領域における既存研究の知見を整理する。この作業を通じて、今問うべき領域を明確にしたい。

1 製造業ブルーカラーの世界

(1) 長期雇用と生産性

モノ作りを中心とした製品勝負の世界では、企業の競争力の向上、具体的には生産性や品質の向上において、日本企業の人事管理の優位性が示されている。既存研究によって、現場の管理、技能形成、処遇制度が三位一体となって競争力の向上に貢献してきたことが明らかにされている。モノ作りの現場における高い稼働率を実証した小池・猪木編（1987）、生産ラインの改善活動と生産性の関係を明らかにした石田（1997）、また、下請け企業との

協力による改善活動を通じた生産性向上を明らかにした浅沼（1997）やそこでの技能形成を明らかにした河野（2009）などは、その代表的な研究である。

　こうしたモノ作りの現場におけるブルーカラーの特徴として指摘されてきたのが、「ブルーカラーのホワイトカラー化」である。小池は、このような特徴を有するブルーカラーが、日本の製造現場の競争力の高さと日本国民の分厚い中間層の形成をもたらしたことを指摘する（小池 1977; 2005; 2015など）。つまり、ブルーカラーに見られる雇用慣行は、日本経済や日本国民に豊かさを提供したことを主張している。これと同様の立場の代表的な研究として石田光男の研究が挙げられる。石田は、年功賃金カーブの背後にある査定付きの賃金を、働きぶりに報いる賃金として、日本の労働者に活力をもたらしていると分析した（石田 1990）。確かに、こうした働き方を支える諸制度は、所得以外の労働時間やストレスといった側面から批判の対象となってきた部分もある。しかし、企業の競争力や労働者の所得という面での豊かさをもたらしているという点は、立場を問わず共通していることだと思われる。

　もっとも、企業の競争力という限定された視点で見た場合でも、このホワイトカラー化したブルーカラーに対する評価は、その存在が確認された当初から好意的な評価が下されていたわけではない。石田（1990）のはしがきの指摘は、この点を良く表している。

　「本書の内容はいささか風変わりな印象を読者に与えるのではないかと思われる。時代の論調はソフトタッチなしなやかさの方向に向いているのに、この本は日本の勤労者の猛烈さや踏ん張りや努力に肩を持っている。日本の企業社会は政治の場面や庶民の暮らしのなかでいずれかといえばその閉鎖性や独善性がいわれているのに、この本は日本の企業社会の先進性を力説している。（中略）会社に入ってからも昇進競争といった社会の成員全体に及ぶ生涯にわたる競争主義的な関係は概ね、日本社会のせせことした落ち着きのないイメージと重なって「困ったもの」とされているのに対して、この本はむしろそのことを積極的に評価している。総じて、時

代の論調に水を差すようなことが多く書かれている」（石田 1990 p.1）。

　未経験者の採用、企業特殊的な熟練の育成、内部登用、年功的な処遇、といった日本の雇用慣行の諸特徴を明示的に示したのは、氏原が 1953 年に発表した「わが国における大工場労働者の性格」であった[7]。そのなかでブルーカラーは、「従業員」と見なすことが適当であるとされている。

　「一般に、近代的賃金労働者が、まず社会的に評価付けられ、それによって生活する以外に方法がない労務者の職業的熟練に、その超企業的階級連帯性の基礎を求めてきたとすれば、日本の労務者は、かかる意味での階級の中にではなしに、いっそう深く個別企業の階層的秩序のなかに足をふみ入れているようである。この「性格」は、「階級」という用語の代わりに「従業員」という用語をもって表示する方が適当にみえる」（氏原 1966b p.384）。

　そして、ここでいう個別企業の階層的秩序を維持させている 1 つの要因として、氏原は、企業に見られる熟練の形成方法を挙げている。氏原は、職場内の昇進構造の存在に注目する。すなわち、「近代的賃金労働者」の世界にみられる不熟練労働者と熟練労働者との分断を伴わずに、企業の中で不熟練労働者から熟練労働者へと上向的移動を行っているという職場内での昇進構造の存在に日本の特徴を見出す。そして、そうした過程を経て形成される企業に特殊な技能こそが、日本の産業を支えている熟練的基礎であるとした。そして、こうした特殊な熟練は、個別企業の中でのみ評価される類のものであり、それゆえに「年功序列的にもとづくところの給与制度の意味がある」（氏原 1966b p.383）とした。

　このように、内部昇進構造のもとで形成される企業に特殊な技能、それに適した処遇制度としての年功的な賃金といったある意味で現代においても日本の特徴とされるような諸特徴が、1953 年に取りまとめられた京浜工業地

7　本章では氏原（1966a）『現代労働問題』に所収されている「大工場労働者の性格」（氏原 1966b）を用いる。以下、引用ページは氏原（1966b）にもとづく。

帯の職場調査を通じて発見されている。

　ところで、上記の氏原の指摘は、小池のいうホワイトカラー化したブルーカラーにおける熟練形成の特徴とそれを支える処遇制度の解釈と重なっている部分がある。例えば小池（2005）の企業に特殊な熟練の存在とその形成を支える処遇制度としての査定付きの年功賃金という理解は、氏原の事実認識と重なる部分が多い。違いは、その評価であった。1950年代において、後の日本的雇用慣行の諸特徴として示されることになる事柄は、変えてゆくべきものであるとみなされていた。内部昇進制や年功的処遇といったブルーカラーにみられる諸制度は、前近代的な制度としていずれ消えゆくものであるとみなされていた。次の大河内・氏原・藤田編（1959）の指摘は、この点を端的に表している。

　　「最近の技術革新ではこれらの残存する「職人」的年功的熟練も解体し、
　　各工程が自動装置・機械の監視的労働に転化する。この段階で、年功的技
　　能序列はほとんど完全に解体する」（大河内・氏原・藤田編　1959　p.9）。

　ここでいう年功的技能序列には、カンやコツを要する作業を企業内の職場経験で培っていくという、いうなれば技能が内部育成され、それと共に不熟練工から熟練工へと昇進する内部昇進構造といった諸特徴が内包されている。こうした諸特徴は、技術革新と共に解体されるというのがこの当時の見方であった。その他、勤続を重ねるごとに昇給する定期昇給を基礎とした年功的な賃金についての次のような指摘も、そのような秩序は、労働者の近代化と共に、必然的に解体されることになると考えられていた。「特定量の労働に対する特定額の賃金」という関係性を意識した労働者集団（労働組合）の存在が、前時代的な秩序の解体をもたらすような時代がやがて到来することが期待されていた。次の発言は、既存の秩序に慣れ親しんだ層が企業からいなくなれば、既存の秩序は必然的に解体されるという楽観があったことを示唆する。

　　「この方向（年功的秩序の解体・・・筆者）が明確に貫けない事情は、（中

44

略）経営側においても、四〇歳前後から以上の従業員層がいまだ相当の比
重を占めているため、この年齢層が永年身につけてきた年功的秩序の中で
生きる生活思想を一挙に打破した人事方針をとりがたいという点にある」
（大河内・氏原・藤田編　1959 p.49）。

　いずれにせよ、日本的な雇用慣行にもとづいて作られていた諸制度は、戦
後日本の経済復興を進めるうえで改革すべき対象とみなされていた。この立
場によった研究はその後も実施されている。戸塚秀夫らが実施した鉄鋼業の
調査（明治大学社会科学研究所編　1962）は、職場における年功秩序の解体
の契機を見出そうとした研究であった[8]。
　しかしながら、改革の対象とされていた諸制度は、日本企業の競争力の高
まりと共にやがて称賛の対象となる。こうした日本のブルーカラーの雇用慣
行は、前近代的なものではなくむしろ先進的なものであることを提示したの
が小池（1977）であった。小池は、ホワイトカラーにみられる内部昇進制
が、寡占段階の資本主義において最も適したシステムであり、これをホワイ
トカラーとブルーカラー双方に導入できている日本は、近代化から取り残さ
れている存在ではなく、近代化した欧米諸国の先を行っている存在であるこ
とを主張した。
　ここで小池の研究の足取りを少し辿ってみよう。まず、賃金研究から開始
される。賃金カーブの勾配から日本のブルーカラーとホワイトカラーにある
類似性を見出し（小池　1966）、その背後には熟練形成に特徴があるという仮
説のもと、熟練を把握する研究手法の開発に注力し、小池・猪木編（1987）
においてそれを結実させている。長期雇用を前提とした内部昇進型の雇用管
理、技能の伸長を反映させた年功的な賃金カーブ、企業別組合を三位一体の
システムとして描くことを通じて、企業の生産性を向上させるメカニズムを
実証した。小池の洗練された調査手法については、すでに梅崎修の見事な整

8　戸塚の特徴は、先に取り上げた大河内や氏原の諸研究にあった技術主義的な立場からではな
　く、労使当事者間において展開される労働力の取引関係の変化が、既存の秩序を解体させる契機
　となると考えていた点にある。より具体的には労働組合による末端職制に対する規制といった取
　引にかかわる労働側の規制の在り方や労働側の意識構造に焦点をあてている。

理があるので、ここではこれ以上触れない[9]。小池の研究に対する批判はあるものの、小池と同じレベルでシステムとして日本の労働を描くことに成功した研究は今なお生まれてはいないと思われる。

　さて、話を戻すと、小池（1977）は、先の大河内・氏原・藤田編（1959）に代表される研究とは異なり、日本におけるクラフト的なユニオニズムの未発達に後進性を見出すのではなく、そこに先進性を見出した。小池（1977）は、独占段階の資本蓄積（強大な固定資本設備と寡占的な製品市場）に最も適した労働力のタイプ（キャリアにおける熟練形成のタイプ）は、内部昇進制であることを指摘する。そして内部昇進制を企業の中に取り込むことを可能にする日本の労使関係の先進性を指摘する。かつて近代化の象徴とも思われていたクラフト・ユニオンは、むしろ成長を阻害するものであることを、小池は日米の職場の配置構造と労働者の発言を通じて明らかにしたのである。

　こうした熟練研究とは別のルートから日本の先進性を説いたものとして、石田光男の賃金研究がある。石田（1990）は、日本の職場を前近代的なものとみなすことの多かった当時の学会の風潮に真っ向から立ち向かい長期雇用慣行を前提に形成される査定付きの年功賃金カーブが、労働者に活力を生み出し、ひいては経済社会を活性化させていることを主張している。氏原が念頭に置いていた「近代的賃金労働者」の国である職務給が導入されているイギリスとの対比において、両国間の賃金制度の違いをクリアに描き、それが労働者の働きぶりに与える違いを実証することに成功している。

　さて、時代によって毀誉褒貶のあったブルーカラーの雇用慣行であるが、共通する点としてはホワイトカラーとの類似性であった。先の氏原（1966b）のいうブルーカラーの「従業員的性格」も、ホワイトカラー（氏原の表現では職員層）との類似性という特徴について、彼らが経営に取り込まれた状態にあるとして問題視されていた。つまり、ホワイトカラーとブルーカラーの同質性が認識されていたといえる。長期雇用と年功的な賃金というホワイトカラーにみられる諸特徴との類似性を保つのが良いのか、それともそれとは異なるものにするのが良いのか。戦後から60年代までは後者の趨勢が強

9　梅崎（2021）を参照されたい。

く、70 年代半ば以降は前者の趨勢が強くなったといえる。言い換えれば、製造業ホワイトカラーと同様の制度を適用することが製造業ブルーカラーの人事管理において、企業と労働者双方にとって望ましいというのが 1 つの結論だったといえよう。女性や非正規労働者など、そこに入れない労働者がいることに対する批判はあったものの、それを享受する労働者に対して少なくとも経済的な「豊かさ」の面からは批判されることはなかったといえる。

⑵　「流動人材」の存在とそれに対する評価

　一方で、長期雇用と対をなす「雇用流動型」の人事管理については、基本的には大企業には存在しないものとされていた。流動的な労働市場は、中小企業の世界において存在するものと考えられていた。そして、この構造は階層性を帯びており、日本的な二重労働市場の存在として捉えられていた。そして、中小企業に存在する流動的な労働市場は、中小企業自体の浮き沈みの激しさも相まって、労働者を不安定な環境に置き、彼らの職業生活を波瀾に満ちたものにするものとされてきた。こうした二重市場の構造を明示的に示したのは、氏原の「労働市場の模型」（氏原 1966c）である。

　　「巨大企業を去った労働者は、ふたたびこの労働市場に現れることは、よ
　　くよくの幸運が無ければ難しく中小企業の労働者として生涯をおくるか、
　　あるいはまた、もとの過剰労働力のプールのなかに流れ込んでしまう」
　　（氏原 1966c p.424）。

　氏原は、業種による違いは存在するものの、「長期雇用・内部昇進」の特徴を持つ大工業の労働市場（氏原（1966c）の表現を借りると「企業的労働市場」）と流動的な特徴を持つ中小工業労働市場はそれぞれに独立した労働市場であることを指摘した。そして、上記の「過剰労働力のプールのなかに流れ込んでしまう」という表現が示す通り、失業リスクと共に職業生活を営む存在、すなわち、不安定雇用層であった。

　このように、雇用流動層を活用した人事管理は、中小企業を中心に展開されるセカンダリーな労働市場として認識されていた。もちろん、この当時

は、大企業セクターの労働市場の特徴を近代化すれば、すなわち、ブルーカラー大企業セクターにおけるブルーカラーの「従業員的性格」がなくなり、それと共に長期雇用慣行が消失すれば、セカンダリーではない、流動的な労働市場が形成されると考えられていた[10]。現実は、その道を辿らなかったことは、すでに確認した通りである。

2 非製造業現場労働者の研究

(1) 製造業に類似した長期的な人材活用

1990年代以降、制度派の労働調査に対しては、その対象が限定されていることが批判の対象となっていた。具体的には非正規や女性がその対象となっていないというものである（例えば野村 2007; 佐口 2008）。ところで、非正規雇用や女性労働研究の必要性が主張される背景には、産業構造の変化に伴う非製造業の拡大があった。つまり、上記の批判は、非製造業の研究蓄積の必要性を主張していると言い換えることができる[11]。

非製造業の人事管理にかんする代表的な研究者として本田一成が挙げられる。本田のチェーンストア研究はパート労働者を中心とするものであるが、これは職場のオペレーションの実態を解明するうえで、パート労働者が重要であったからに他ならない。本田は、職場において非正社員の量的な拡大（量的基幹化）と担う作業の高度化（質的基幹化）が起きていることを発見すると共に、質的基幹化に伴って導入される技能育成の方法、処遇制度のあり方、当該職場における労働組合の発言内容などを明らかにした（例えば本田 2005; 2007）。

ところで、本田の一連の研究が発見した企業内での技能の高度化、正社員登用を含む内部昇進キャリアの構築、個人の能力の伸長にもとづいた個別的な賃金管理などのパート労働者の人事管理の諸特徴は、製造業ブルーカラーの雇用管理や賃金制度に類似する特徴を有しているといえる。この点を念頭

10　本章の関心から外れるので深くは立ち入らないが、氏原（1966a）では、公的な職業安定所も、既存の雇用慣行に変容をもたらすアクターとして期待されていた。

11　製造業においても偽装請負などの問題との関連で関心を向けるべきだという主張はもちろんある（例えば佐口 2008）。

に置くと、企業は、製造業ブルーカラーに適用されているような人事管理を
パート労働者にも適用しようとした、つまり、目指すべき世界として製造業
ブルーカラーの世界が設定されていたといえよう。

　また、非製造業を対象とした研究として、佐野嘉秀の百貨店を対象とした
研究がある（佐野 2021）。脱工業化の流れのなかで非製造業における現場労
働者に対する人事管理の実態が明らかにされている。そこでも、日本は、
「人基準」という人材活用の原則のもと、内部登用と査定付きの賃金にもと
づいた人事管理が展開されていることが指摘されている。確かに処遇制度の
中に職務の要素の導入が試みられているものの、人材確保、人材活用、処遇
制度の基本的な特徴は維持されている。佐野の研究からも、製造業ブルーカ
ラーと類似性を有する人事管理が導入されていることがわかる。

　以上より、企業の労使が自社に導入するべきと考えている人事管理につい
て、現場労働者の世界では製造業も非製造業も共通している部分があるとい
えよう。

⑵　「流動人材」の存在とそれに対する評価

　百貨店やチェーンストアを主な対象として、非製造業の現場には、非正規
雇用というかたちで、短期勤続者の存在が確認されている。これらの存在に
ついては上述した通り、基本的には内部化することが目指されているといえ
る。少なくとも大企業セクターでは、短期勤続者を活用するというよりは、
彼らを可能な限り長期勤続者とみなし、それに適した技能形成や処遇制度の
構築を模索してきたといえる。つまり、長期雇用を前提としないオルタナ
ティブとなりうるような人事管理の構築が目指されていたわけではなかっ
た。

　問題とされるのは、正社員と非正社員の処遇格差の大きさであり、その問
題の解消については様々な議論が展開された。賃金制度論として「職務給」
の検討が主張されることはあったが、正社員の働き方そのものを別の秩序に
置き換えようとする、1950 年代の製造業ブルーカラーの研究にみられた動
きは起こらなかった。長期雇用慣行にもとづく人事管理を可能なかぎり適用

しようとしていたといえよう[12]。

(1)　ホワイトカラーの生産性

　では、ブルーカラーの世界において、望ましい雇用管理とみなされてきたホワイトカラーの世界を対象とした研究は、何を明らかにしてきたのか。ホワイトカラーの人事管理研究は、ブルーカラーのそれとは異なり、生産性との関係でその強みを実証しようとした研究は管見の限り少ないと思われる。猪木（2002）が整理したように、長期雇用と年功的な賃金は日本に限らず欧米諸国にもみられることを前提に、それが存在する経済合理性について検討が行われてきた。

　ただし、ホワイトカラーの世界ではブルーカラーの世界のように企業の競争力と人事管理の関係が明らかにされてきたわけではない。小池・猪木編著（2002）がキャリア形成を起点に、また、石田（2003）や中村・石田編（2005）が部門業績管理を起点に、ホワイトカラーの人事管理が有する経済合理性の実証を試みているものの、上記のブルーカラーの世界のようにクリアに描くことには成功していないといえる。

　より具体的にはブルーカラーの世界においては、先に指摘した研究によって、定常状態の維持（例えば製造ラインにおける目標稼働率や品質の維持）、および、既存の定常状態から新たな別の定常状態の創出（例えば現場における改善活動など）に対して、日本の人事管理（能力開発や処遇制度）が寄与してきたことが丹念な事例調査を通じて実証されてきた。小池・猪木編（1987）は定常状態の維持を、石田（1997）や製造現場の日米比較を行った石田・篠原編著（2010）は既存の定常状態から別の定常状態の創出を明らかにした代表的な研究である。しかしながら、結論を先取りすると、ホワイトカラーの場合、ブルーカラーのように生産性と技能形成や処遇制度の関係を論じることの困難が、先行研究の挑戦において示されている。

　ホワイトカラーを対象とした労働研究の困難性を前提に、猪木（2002）

12　内部化した非正社員のキャリア形成や処遇改革についての最近の事例研究としては、例えば平野（2018）。

は、研究の2つのルートを指摘する。1つは、①技能の測定や仕事内容のモニターの難しさを前提に、その難しさ（不確実性）に対処するために、企業組織が導入してきた選抜と育成の方法や制度（counter Institution）を考察するルートである。この場合、生産性の測定、個人の貢献に対する評価、仕事ぶりのモニターが難しいところにホワイトカラーの特徴がある、という事実から出発し、ホワイトカラーの労働を明らかにすることが試みられることになる。

　もう1つは、②ホワイトカラーの技能の測定や評価方法の類型化を試みながら、専門性や生産性、そしてホワイトカラーにおける「変化への対応力」とは何かを考察するルートである。この場合、仕事の経験の幅や変化への対応力について、社員のキャリア形成を手がかりに、ホワイトカラーの労働を明らかにすることが試みられることになる。

　研究の進展としては②のルートからの接近が豊富にある。ホワイトカラーを対象に含んだ企業の昇進構造については、すでに多くの蓄積がみられる（例えば桑原 1990; 今田・平田 1995; 竹内 1995; 八代 1995; 上原 2007）。また、そうした昇進構造と評価制度の関係も明らかにされてきた（例えば冨田 1992）。これらのキャリア研究は、①のルートである制度に関する知見も提供してくれている。キャリア研究によって発見された人事管理上の機能の1つに、同期入社間の昇進競争を通じた社員の焚き付けがある。社内の競争環境の形成がホワイトカラーの活力を高めていることが先行研究によって発見されている。

　例えば、日本の昇進管理を人事マイクロデータにもとづき分析した松繁・梅崎・中嶋編著（2005）は、日本の昇進管理の仕組みを「マラソン型競争」と名付け、人材を焚き付ける効果があることを指摘している。こうした長期的な昇進競争の特徴として、同期入社の中で一次選抜組や二次選抜組といった具合でグループを分けた昇進管理を行いつつ、ときにグループ間の入れ替えが行われていることが明らかにされている[13]。このように、優秀者を選抜しつつ、その中に敗者復活の要素も組み込みながら従業員を管理しているこ

13　例えば竹内（1995）、今田・平田（1995）、上原（2007）など。

とは、日本の昇進管理における特徴といえよう。

　一方でこうした選抜グループが存在しつつもその存在を公には示さないことも日本の特徴として挙げられてきた。佐藤（2002）は、昇進に差が生まれる時期がアメリカやドイツに比べると遅いことを指摘する。企業組織内での地位の上昇可能性を入社時点からできるだけ長期に渡って維持することが日本の特徴といえよう。八代は、「こうした長期の競争は、従業員の人材育成に貢献していること、従業員の能力評価を正確に行うことができること、従業員のモチベーションに配慮していること、といった点で、人的資源管理上重要な役割を果たしている」（八代 2011 p.23）ことを指摘する。

　ただし、実際には暗に早期の選抜を行っているという指摘もある。その場合、長期の競争を維持しようとする姿勢のもとでは、選抜は必然的に隠微なものとなる（例えば八代 2002; 2011）。このように実際の選抜時期については議論の残る部分であるものの、選抜者を早期に表立って明確にしないことは、日本の昇進管理の特徴の1つであることがわかる。

　既存研究は多様な産業において内部昇進構造が存在することを確認している。第1-3-1表は、キャリア研究の対象とした産業について、主に山本（2002）や梅崎（2021）の整理に依拠しつつ、まとめたものである。このように、製造企業に限らずに幅広い業種の企業において、内部昇進型のキャリ

第1-3-1表　ホワイトカラーの内部昇進キャリア研究の対象企業

	対象企業
花田（1987）	金融、保険、電機、運輸、流通
若林（1987）	大手百貨店
今田・平田（1995）	重工業大企業
竹内（1995）	大手保険会社、他の業種の1社
小池編（1991）	大手総合商社、大手鉄鋼、大手電機
阿部（1995）	大手鉄鋼
梅崎（2005）	大手製薬
上原（2003）	長期信用銀行、都市銀行
上原（2007）	大手商社
梅崎（2021）	製造業

出所）山本（2002）や梅崎（2021）、各先行研究にもとづき筆者作成。

アルートの存在が確認されている。

　昇進を巡る競争の存在は、一方では「社員の活力→会社の競争力の向上」というルートで労働需要側の活力に繋がるとみなされると共に処遇の上昇を通じて労働供給側に豊かさをもたらすものとみなされてきた。その一方で、長時間労働など社員に疲弊をもたらす元凶であるともみなされてきた。

　ところで、第 1-3-1 表が示している通り、既存の研究には、近年拡大している情報通信やサービス業の企業が含まれていないことがわかる。これらの産業ではいかなる内部昇進構造が構築されている、もしくはされていないのか。②のルートから接近する際には、この点も重要になってくると思われる。しかしながら、ここでより注目したいのは、②のルートを起点とした研究の持つ次のような課題である。すなわち、そうした昇進選抜に伴って生まれる競争が、企業の競争力を高めるうえでのどのような能力や行動（懸命に働くという働き方とは異なる、業務上の成果を出すために求められる具体的な行動）に寄与しているのかは、実は、ブラックボックスのままになっていることである。

　では、猪木（2002）が整理したもう 1 つの方法、すなわち、「①技能の測定や仕事内容のモニターの難しさを前提に、その難しさ（不確実性）に対処するために、企業組織が導入してきた選抜と育成の方法や制度（counter Institution）を考察するルート」からの接近は、この点の克服に成功しているのであろうか。①のルートからの接近も、このルートの研究が抱えていた課題の克服に成功しているわけではない。しかも、ホワイトカラーの生産性について正面からそれに向き合った研究は思いのほか少ない。総体として研究の蓄積が進んでいない分野といえるであろう。数少ない研究である中村・石田編（2005）は、猪木（2002）の示した①のルートから接近し、①と②の 2 つのルートの接合の必要性を主張した数少ない研究である。しかしながら、両者の議論はかみ合うことなく今日にいたっている。その噛み合わなさを検討し、何が必要だったのかを考えることは、決して意味のないことではないと思われる。中村・石田編（2005）の業績について、猪木武徳、中村圭介、石田光男らが一堂に会して議論したシンポジウムの議事録（石田 2006）に依拠しつつ検討したい。

中村・石田編（2005）による小池や猪木が中心となって実施した「②ホワイトカラーの技能の測定や評価方法の類型化を試みながら、専門性や生産性、そしてホワイトカラーにおける「変化への対応力」とは何かを考察するルートの研究」、すなわち「熟練論」に対する批判は次の点にあった。その批判とは、「熟練論」ではホワイトカラーの生産性向上のメカニズムが解明できていないことである。

　対象をホワイトカラーに限定した場合、「熟練論」は、変化と異常への対応を可能とする能力の構築過程を労働者のキャリア形成を通じて明らかにしようとした。そして豊富な知見を蓄積してきた。しかしながら、企業の競争力を高めるような具体的な有用労働をいかにして労働者から引き出すのか。中村・石田編（2005）は、「熟練論」からの接近ではこの点について明らかにできないことを主張する。そして、そうした有用労働を日常的に引き出している制度とは、「仕事管理」であることを主張する。「仕事管理」とは企業が目標を立ててその達成に向かって日常的に行う「PDCA」サイクルのことを指す。この主張は、長期雇用や年功賃金カーブといったインセンティブシステムからのみの接近に加えて、組織が行うコントロールの側面にも焦点をあて、インセンティブとコントロールの両面からホワイトカラーの仕事を捉えることの必要性を説いたものである。新制度派経済学の Williamson が提示した「取引コスト」理論に多くを依拠した視点であるといえよう [14]。

　さて、シンポジウムにおいて、「仕事管理（PDCA サイクル）」に対して猪木は次のように指摘する。

　「目標管理で目標を設定し、組織計画、実行計画をどういう風にドゥーするかということ、サイクルを描きながらあるオプティマルなりエフィシエントな所に到達するっていうところはいいんですけども、循環のプロセスの中に、働く方の側の内発性・向上心といいますか、自発性、工夫みたい

14　「取引コスト」理論については Williamson（1975）が詳しい。第 4 章において、 Doeringer and Piore（1971）などに依拠しつつ、雇用関係の持つ市場取引に対する優位性が述べられるなかで、組織の市場に対する優位性として、組織が、インセンティブとコントロールを活用できることが指摘されている。

なものが上手くビルトインされていないように思うんです」（石田 2006 p.211）。

　こうした「内発性・向上心」や「自発性、工夫」といった点に猪木が拘るのは、計画の実行が生産性を向上させるというロジックへの疑念にあると考えられる。猪木は、中村・石田編（2005）の視点が「社会主義計画論に似ている（石田 2006 p.213）」ことを指摘する。中村や石田の方法論に従えば、社会主義のもとでの生産活動が最も効率的になることになるのではないか。猪木の疑念の多くはこの点にあったといえよう。事実、時代が示した解は、計画は生産性の低下をもたらす場合が多いのであるから、猪木のこの疑問はもっともな指摘といえる[15]。そのうえで、労働需要側における管理からの接近のみの限界を主張する。「実際競争で雌雄が決しているところ（石田 2006 p.213）」を「正面から論じていただきたかった（石田 2006 p.213）」、という猪木の指摘は重い。

　この指摘に対して、中村や石田はどのように答えたのか。計画と内発性の関係に対する批判に対して、中村は次のように答えている。

　「猪木さんに対して管理と内発性ってことなんですけども、どうやって本人がやる気になって、決められた以上のことをするようなスキルを身に付けていくかっていう。じゃどこでそういう、動機付けっていうのが与えられるかっていうことを考えたときに、僕は、多分この本でも書いた、明示的には書いてないんだけども、会議の役割っていうのがあるかなと思ってるんです。会議は、定期的であれインフォーマルであれ、要するに仕事がうまく行っているか行っていないかって、原因が何処にあるかっていうことを明らかにする場なので、その時に、自分のミスかどうか分かるわけで

15　座談会での猪木の次の指摘は計画のもとでの人々の行動を示している。「旧ソ連の経済の目標管理ね。ノルマを設定して、そして何処何処の工場でどれくらいを達成し、あるいは時間で標準的にこれはどれくらい時間がかかる労働だ、ということを設定して行く世界ですね。こういう世界で、どういうことが起こるかというと、時間で管理される場合には人々はわざとスローモーションで動くとかですね。それから、企業なり部門単位で成績を出す時にはノルマだけを合計して出すとか。そういう形で対処するようになる。そりゃ社会主義下の人間も合理的ですから、自分なり、自分の企業なりが一番成果を上げていると示したいわけですよね」（石田 2006 p.213）。

すね。で、その場があって初めてその内発的に能力を高めていかないといけないかなっていうふうに思う。それがこう重要な役割を担うかなと最近では考えてるんですね」（石田　2006　p.223）。

　中村の答えは、PDCAサイクルの「P」の達成に対する問題解決の場として「会議」の存在があることを言っているが、猪木の批判に対する直接の回答にはなっていないと思われる。この点にかかわり「P」の設定プロセスについて、参加者の1人であった佐藤厚の発言が示唆に富む。中村・石田編（2005）の中で電機メーカーを取り扱った佐藤・佐野（2005）の知見にもとづいた発言である。

　「PDCAを回してるっていう言い方をすると回してるんです。ただ、それは与えられた目標だけをきっちりやったら終わりって話じゃないことは、僕は実態分析の中にも書いてますけど、もう少し工夫してやっていかないとですね、売れないってことを実はやってますよね」（石田　2006　p.253）。

　この「P」設定については、共編著者の1人である石田も、次のように発言している。

　「PDCAっていうとさっき言ったようにもう管理でどうしようもない、社会主義のようだという理解も有り得ると思うんですが、PDCA、PDCA、PDCAと回って行ってるんですよね、これが時系列に動いてるんですよね。ある時点でPを捉えたらその根拠は前の期のDCAなんですよね。じゃ前の期のDCAとはなんなのか、DCAって指令経済じゃないんですよね。前期のDCAがあって初めて次期のPがたち、その前の期のDCAというのは現場を潜るわけですね、エグゼキュートしてるわけですよ。現場の知恵を当然入れ込んでるわけですよね」（石田　2006　p.260）。

　「色んな現場の知恵の総動員ですよね。それでアクションをしてみてその期が完了すると。そうすると次の期のPというのはね、指令経済的に立

つかっちゅう問題なんですよ、立たなんじゃないですか、必ず現場を潜ってるでしょ」（石田　2006 p.261）。

「P」の設定それ自体に組織で働く人々の創意工夫が埋め込まれているという反論である。こうした「P」の設定の内実に対する発言に対して猪木は次のようにコメントする。

「最初のサイクルで始まる、P1 として、サイクルが完了して P2、その P1 から P2 へ移る時に、誰が、それこそ単なる指令じゃなく何かの自発的なアイディアで何かを作り、それが評価される、あるプロセス、プランがあるはずなんですよね」（石田　2006 p.262）。

ここまで長々と発言を引用してきた。このように、従業員の自発性が発揮され、それを評価するような仕組み、そうした制度こそが、ホワイトカラー労働から高い生産性を引き出すという猪木の指摘に、石田や中村は直接的な回答を用意することはできていない。両者の議論のかみ合わなさは、下記の猪木の発言にみられる「箱」を大きくするという行為を生み出すための制度とは何なのか。この点にあると考えられる。

「管理に焦点をあてたアプローチでの生産性の上昇っていうのは、あるところでマキシマムがきて、例えば掃除をしてゴミをとり綺麗にするとオプティマリティーに達せますという、スタティックな世界なんです。で、私が批判した視点というのは、その中にいる人達が実際に、内発的に何かを学び取って成長してどんどん伸びていくと、その生産性自体はもっと青天井で伸びていく世界のことを言ってるんです。（中略）だから、箱の中に入って箱の中を綺麗にするという生産性の上昇の側面だけじゃなくて、箱自体を大きくするとか、あるいは箱を突き破って人間が成長してしまうというような側面に注目すると、やっぱり第二の手法（猪木（2002）における②のルートのこと・・・筆者）にもっと視点を強めて頂きたいと」（石田　2006 pp.258-259）。

「箱」の拡大に寄与する企業内の制度としてキャリアを通じた熟練形成が重要ではないのか。中村・石田編（2005）の「PDCA」は、「箱」の拡大をもたらすのか。この点が、ホワイトカラーの生産性管理を考えるうえで、重要な論点であるといえよう。

　ところで、仕事論が内在的に持つ限界は、意図してかどうかはわからないが、石田の猪木に対する次の発言で示されている。

　「猪木先生の要するにこの本に対する批判の一番の根拠である、PDCAを回すっていうんだけども、もっと大事な事は、働く人が期待するレベル以上の事をやるかやらないかっていう、そこの所をどう解くのかって。僕も全くそうだっていう風に思うんですが、じゃぁそれをどうやったら……、出来るかって考えちゃうんですね、私は。（中略）ある種のルール化された努力水準を上回るのか、場合によったら逆も大いに有り得る訳で如何に出し抜くかで、如何に、努力水準をですね調節するか。むしろ欧米の今までの労使関係はそこん所を如何に下方に引っ張ってくるか、その力学をずっと研究してきて、他方、日本のしかもホワイトカラーってことになるとドミナントな潮流はそれを上回るっていうその世界をどう描くかと。そこは結局エフォットを巡るその、なんていうのかな、取引っていう風に言っていいのかどうか。つまり、それが熟練論でつかまえられるのか」（石田 2006 p.229）。

　上記の発言から、「熟練論」を批判しつつも、「エフォットを巡る取引」の体系を「仕事論」も十分に論じきることができていないと石田自身が自覚していたことがわかる。こうしたホワイトカラーを巡る「仕事管理」研究の困難については、石田自身がそれ以前の研究において語っているところである。石田（2003）は、いくつかの企業（スーパー、百貨店、製造企業など）のホワイトカラーの仕事（生産性の管理の方法）について、ヒアリングに赴いた事業部の管理項目とその管理の方法（つまり、「仕事管理」）について聞き取りを行っている。そこでは、KPI（Key Performance Indicator）の進

捗管理を行う会議体やその会議体が果たしていると考えられるインセンティブやサンクションの機能が描かれる。そして、次のように呟く。

「店舗の目標である売り上げを伸ばし経費を削減するのは売り場で実践されなくてはならない。この目標達成の仕組みは簡単な今回のヒアリングでは十分に咀嚼できなかった。先に見た（工場を対象とした調査・・・筆者）、工場では目標はコストと品質に集約されているから、その目標を達成するために「改善」という特有の行動体系が定着しているが、これに対応する行動体系が何かが私にはよく把握できていないということである」（石田　2003 p.155）。

このように、当該現場の競争力の向上において決定的に重要な行動に対して、成員の努力（effort）が向くように仕向けている様がホワイトカラーの世界では掴みにくいことが、ホワイトカラー労働を研究することの難しさであることを指摘している。

モノ作りにかかわる業務以外を対象とした際に、日常的な「PDCA」の遂行から内在的に当該職場が最も注力する「行動体系」を特定することが困難なこと。これがホワイトカラーに適した制度の解明における「仕事管理」の抱える課題であった。実はこの課題は、中村・石田編（2005）においても解消されていない。

この点を念頭に置くと、上記の猪木、石田、中村の三者の議論のかみ合わなさは、特定の「行動体系」に対する共通の想定がないなかで行われているところにあったと思われる。実際に行われている行為にもとづいた議論となっていなかったところに、議論のかみ合わなさがあったと思われる。それゆえに、上から与えられた目標の達成のために成員が行動するという計画経済のような姿を猪木に抱かせることになってしまったのではないだろうか。

議論の交通整理のために、「熟練論」と「仕事論」がお互いの何を批判していたのかについて、もう少し整理してみたい。

⑵ 「熟練論」⇄「仕事論」の批判

　それぞれの方法論は、共に不確実性への対応をその主な関心の対象としている。また、お互いに不確実性の大きな仕事をこなすうえで重要な行為を特定し、その行為を継続させるための制度を解明することに関心が置かれている点でも共通部分がある。こうした共通の関心事項を持つ２つの方法論は、互いのいったい何を批判していたのか。

　議論の整理のためにブルーカラーの世界に少し立ち戻ろう。製造現場を想定した際に小池や猪木の「熟練論」について、石田が行った批判は現場の改善活動が描けていないという点にあった。より具体的には現場が日常不断で努力している製造原価の低減活動（「原価低減活動」）が、「熟練論」では描けていないという批判である。確かに、小池・猪木編（1987）で描かれている生産現場の生産性向上において主な対象とされていた特定の行動は、ラインの「稼働率」の維持であった。高い「稼働率」を維持するという、言い換えれば製造現場の定常状態を常に維持するところに焦点があてられていた。小池のいう「変化への対応」とは、この「稼働率」の維持の障壁となる問題の解決を指している。

　この点について、製造現場の競争力を生み出している要素として「原価の低減」を見つけ出し、それに向かって成員の主たる努力が集約されている行動体系を描いたのが石田（1997）であった。具体的には、「原価の低減」に向けた行動を各人に促すために構築されているインセンティブとコントロールの仕組みが明らかにされている。「原価の低減」を実践するために、モノ作りにかかる時間や人数を日常的に削減していく改善活動は、ある状態から別の新しい状態を生み出す、つまり、新たな仕組みを創出する行為だといえる。石田の小池に対する批判を「仕事管理」から「熟練論」への批判と置き換えれば、「熟練論」は予め定められた「稼働率」や「品質水準」を維持する、つまり、定常状態を維持する（もちろんこれ自体も不断の努力を要する高度な仕事である）ための制度（具体的には能力開発制度）を描くことに成功している一方で、ブルーカラーの世界における新たな秩序を生み出す行為に対する制度（具体的には改善活動を促す制度）を描けていないということになる。

　では、ホワイトカラーの世界に戻ろう。先に引用した猪木の批判の「箱の中に入って箱の中を綺麗にするという生産性の上昇の側面だけじゃなくて、箱自体を大きくする」という発言に注目したい。つまり、既存の秩序の枠組みのなかで生産性の向上を目指すのではなく、別の秩序を生み出すこと、言い換えれば別の新たな秩序を生み出すような行動は、 PDCA を回すなかでいかにして生まれているのか。この点については、実は中村・石田編（2005）からはわからない。この点が、猪木が「仕事管理」をホワイトカラーの生産性向上を引き出す制度としてみなすことへの疑問を生んでいると考えられる。

　上記の指摘を図示したものが第 1-3-1 図である。この図にもとづくと、ブルーカラーの世界における石田の「熟練論」への批判と、ホワイトカラーの世界における猪木の「仕事管理」研究に対する批判は、対象としている機能は同じであることがわかる。両者とも新たな仕組みを創出するという行為に対する制度について、それぞれの研究を批判していると整理することができる。まとめると、ホワイトカラーにおいて新たな秩序を生み出す、例えばゼロから 1 を生み出すような行為を想定した際にいかなる制度が馴染むのか。この点に対する知見の蓄積がホワイトカラーの制度研究には求められている

第 1-3-1 図　「熟練論」と「仕事管理」における批判の対象

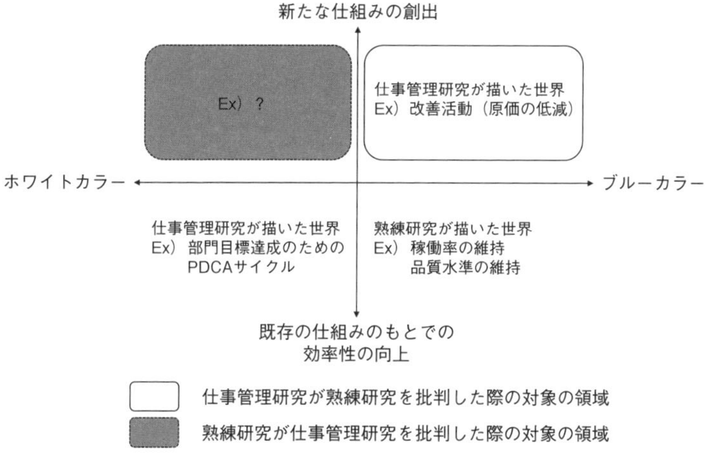

新たな仕組みの創出

Ex）？

仕事管理研究が描いた世界
Ex）改善活動（原価の低減）

ホワイトカラー ←　　　　　　　　　　　　　　　→ ブルーカラー

仕事管理研究が描いた世界
Ex）部門目標達成のための
　　PDCAサイクル

熟練研究が描いた世界
Ex）稼働率の維持
　　品質水準の維持

既存の仕組みのもとでの
効率性の向上

□　仕事管理研究が熟練研究を批判した際の対象の領域

■　熟練研究が仕事管理研究を批判した際の対象の領域

といえる。

⑶　「新たな仕組みの創出」にかかわるホワイトカラー研究の現状

　製造現場の「原価低減活動」のように新たな仕組みの創出にかかわるホワイトカラーの研究は、数は少ないが存在する。

　自動車企業の開発者を対象とした石田・富田・三谷（2009）、大型洗濯機工場の技術者を対象とした梅崎・南雲（2015）、パナソニックの開発・生産体制を対象とした石田・上田編著（2022）は、「原価低減活動」を起点に、ホワイトカラーの生産性向上を促す制度について実証している。石田・富田・三谷（2009）や石田・上田編著（2022）では、「仕事管理」と報酬制度を通じて、梅崎・南雲（2015）では技能形成と報酬制度を通じて、新たな仕組みを生み出す行為を継続させるための制度を明らかにしている。

　このように、既存の制度研究においても第 1-3-1 図における左上の「？」の領域に対する知見が蓄積され始めている。ところで、上記の研究が明らかにしていることを参考にすると、内部昇進、技能の内部育成、能力ベースの処遇など、日本的雇用慣行にもとづいて形成されている人事諸制度が適用されている。つまり、先に触れたブルーカラーの世界がその理想として掲げていた人事制度が適用されている。その意味では、ホワイトとブルー双方において、少なくとも企業経営に対して「豊かさ」をもたらす人事諸制度として採用されているものは、共通しているといえよう。序章で示した「長期雇用型」と「雇用流動型」の類型にもとづくと、ホワイトカラーにおける「新たな仕組みの創出」という行為を対象とする場合であっても、「長期雇用型」とは異なる諸制度が用いられているわけではないといえる。

　しかしながら、この結論を下すうえで留意が必要な点がある。すなわち、上記のホワイトカラーの諸研究からわかる通り、その対象は製造業のモノ作りを対象とした諸活動に限定されている。つまり、いずれの職種であるにせよ、その対象は、「モノ作り」にかかわる行為に限定されており、まだまだ研究上の未開拓の領域が広がっている世界となっている。

　さて、ここまで述べてきた議論にもとづくと、雇用慣行にもとづいて形成される制度の解明に関心を置いてきた労働調査が蓄積してきた知見は第

第1-3-2図　労働調査が対象としてきた領域

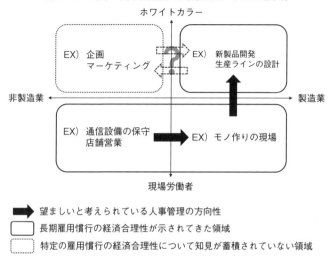

1-3-2図のように整理できる。

　図が示す通り、まず、製造業を対象とした研究からわかることは、第4象限のモノ作りの現場の世界の人事管理は、第1象限の製造業ホワイトカラーの世界を目指している。つまり、製造業ブルーカラーには、製造業ホワイトカラーに適用されるような人事管理を導入することが、企業や労働者に豊かさをもたらすとされている。次に、第3象限に位置づけられる非製造業の現場労働者に関する研究を参照すると、この世界は、第4象限の世界を目指している。つまり、非製造業の現場労働者の人事管理は、製造業ブルーカラーの世界との類似性を増すことが目指されてきた。ここから次のことがいえる。

　製造業であれ非製造業であれ、現場労働者が目指すべき人事管理として想定されていたのは、第1象限の製造業ホワイトカラーの世界であったと整理することができる。つまり、企業の競争力や労働者の処遇の向上をもたらす目指すべき人事管理は、製造業ホワイトカラーにみられる長期雇用、内部昇進、能力ベースの査定付きの年功的処遇ということになる。少なくとも先行研究の知見を総合するとそういう解が見出される。

一方で、今なお不明瞭なのは第2象限の非製造業のホワイトカラーについてである。この世界にとって望ましい人事管理とは一体どのようなものなのか。製造業でも販売といったモノ作りとは距離の離れたどちらかというと非製造業の仕事に近いような仕事については、企業や個人に対して「豊かさ」をもたらす人事諸制度についての知見はそれほど多くないと思われる。先行研究では十分に蓄積されていない領域であるといえよう。

　これらを前提とすると、行うべき作業には次の2つのルートが存在する。1つは第1象限における内部昇進の仕組みや賃金制度などの諸制度の変化を問うルートであり、もう1つは第2象限という未開拓地の人事管理の解明に挑戦するルートである。本書は後者のルートを選択する。

　非製造業のホワイトカラーの世界に「豊かさ」をもたらすのは、「雇用流動型」と呼べるような人事管理なのだろうか。それとも、他の象限と同様に、「長期雇用型」とみなされるような人事管理なのか。企業の競争力と労働者の収入の双方から検討する必要がある。

第4節　雇用慣行と「豊かさ」の関係を問う

　まず、大きな関心として、「雇用流動型」の人事管理が、「長期雇用型」に代わるオルタナティブとして成立するのか。このことについて、問うことが重要になってくると思われる。具体的には「雇用流動型」の有する「豊かさ」について考察する必要がある。

　ここまで述べてきたように、戦後から1960年代ごろまでは、日本的雇用慣行は見直しの対象であった。企業内に根づく秩序の解体が、企業と労働者双方に豊かさをもたらす日本が目指すべき方向性だと認識されていたといえる。しかし、1970年代に内部昇進制や査定付きの定期昇給などのいわゆる日本的雇用慣行にもとづいて形成される諸制度は、遅れた存在でなく、むしろ先進性があり、企業と労働者双方に豊かさ（企業にとっての競争力の向上、労働者にとっての所得の向上など）をもたらすものであるという見解が台頭してきた。職場の近代化は、「豊かさ」をもたらすわけではないことが示されたわけである。

　現在、日本的雇用慣行に対する批判に目をむけると、その新しさは、日本的雇用慣行の有する諸特徴やそれにもとづく制度が、経済的な面においても、企業や労働者に対して「豊かさ」ではなく「貧困」をもたらすのではないかという疑念である。この点を念頭に置くと、今問うべきことは、「雇用流動型」の人事管理がもたらす「豊かさ」についてである。かつての職場の近代化と同様に、それは「豊かさ」をもたらすものではないかもしれない。

　こうした方法的な態度は、かつて戸塚がとった方法的態度ともいえる。明治大学社会科学研究所編（1962）において、戸塚は、「年功的職場序列」を遅れた秩序とし、その「真実の解体」を可能にするような契機が職場で実際に成熟しつつあるのかを検討する必要性を説いた。その際に、大河内・氏原・藤田編（1959）にあった安易な技術主義的な立場（技術の変化に対応するなかで、職場秩序も解体せざるを得なくなるという立場）をとらず、既存の秩序 A から別の秩序 B への転換の契機となるような事実を調査によって掬い上げようとした戸塚の態度は、今の雇用改革論議において著しく希薄になった態度だといえよう。我々はこの制度派の労働調査の伝統に立ち返ってみたい。

　例えば佐口（2008）にみられる中心部に位置づけられる社員が享受する経済的な豊かさは、周辺部に位置づけられる社員の犠牲のうえに成り立っているという批判は、裏を返せば少なくとも中心部が享受する便益については認めている部分があるといえよう。「雇用流動型」の人事管理のもとで働く社員は、「長期雇用型」の中心部の社員よりも大きな便益を享受しているのか。第二次産業ではない産業は、成長を目指すうえで「雇用流動型」といえるような人事管理を選択しているのか。この点を問わなければ、雇用流動化が現在の日本の問題を解決する処方箋になり得るのかを議論することはできないのではないだろうか。かかる問題意識にもとづき、本書が重視することは、労使双方にとっての「豊かさ」を起点に特定の雇用システムを検討することである。具体的には労働需要側たる企業においては競争力を、労働供給側たる労働者においては収入との関係に注目する。オルタナティブとみなせるような雇用システムが生まれる可能性があるのか。本書は、労働需要側と労働供給側の双方からその契機の有無の検証に挑戦する。

参考文献

青木宏之（2022）『日本の経営・労働システム――鉄鋼業における歴史的展開』ナカニシヤ出版．

浅沼萬里（1997）『日本の企業組織革新的適応のメカニズム――長期取引関係の構造と機能』東洋経済新報社．

阿部健（1995）「事務系ホワイトカラーの企業内異動――大企業Ａ社の事例」『日本労働研究雑誌』No.426 pp.30-39.

石田光男（1990）『賃金の社会科学――日本とイギリス』中央経済社．

石田光男（1997）「工場の能率管理と作業組織」石田光男・藤村博之・久本憲夫・松村文人『日本のリーン生産方式――自動車企業の事例』中央経済社所収．

石田光男（2003）「ホワイトカラー労働の生産性管理」石田光男『仕事の社会科学』ミネルヴァ書房所収．

石田光男（2006）「社会学会公開講演会　ホワイトカラー労働研究の方法と課題」『評論・社会科学』80号 pp.199-262.

石田光男・上田眞士編著（2022）『パナソニックのグローバル経営――仕事と報酬のガバナンス』ミネルヴァ書房．

石田光男・篠原健一編著（2010）『GMの経験――日本への教訓』中央経済社．

石田光男・富田義典・三谷直紀（2009）『日本自動車企業の仕事・管理・労使関係――競争力を維持する組織原理』中央経済社．

稲上毅（1989）『転換期の労働世界』有信堂高文社．

猪木武徳（2002）「ホワイトカラー・モデルの理論的含み――人・組織・環境の不確実性を中心に」小池和男・猪木武徳編著『ホワイトカラーの人材形成――日米英独の比較』東洋経済新報社所収．

猪木武徳（2021）『経済社会の学び方――健全な懐疑の目を養う』中央公論新社．

今田幸子・平田周一（1995）『ホワイトカラーの昇進構造』日本労働研究機構．

上原克仁（2003）「大手銀行におけるホワイトカラーの昇進構造――キャリアツリーによる長期昇進競争の実証分析」『日本労働研究雑誌』No.519 pp.58-72.

上原克仁（2007）「大手企業における昇進・昇格と異動の実証分析」『日本労働研究雑誌』No.561 pp.86-101.

氏原正治郎（1966a）『日本労働問題研究』東京大学出版会．

氏原正治郎（1966b）「大工場労働者の性格」氏原正治郎『日本労働問題研究』東京大学出版会所収．

氏原正治郎（1966c）「労働市場の模型」氏原正治郎『日本労働問題研究』東京大学出版会所収．

梅崎修（2005）「早期選抜と仕事序列競争」松繁寿和・梅崎修・中嶋哲夫編著『人事の経済分析――人事制度改革と人材マネジメント』ミネルヴァ書房所収．

梅崎修（2021）『日本のキャリア形成と労使関係――調査の労働経済学』慶應義塾大学出版会．

梅崎修・南雲智映（2015）「工程設計力が技能形成と雇用管理に与える影響――大型洗濯機工場の事例研究」『社会政策』第7巻2号 pp.119-131.

大河内一男・氏原正治郎・藤田若雄編（1959）『労働組合の構造と機能――職場組織の実態分析』東京大学出版会．

神林龍（2017）『正規の世界・非正規の世界――現代日本労働経済学の基本問題』慶應義塾大学出版会．

熊沢誠（1981）『日本の労働者像』筑摩書房．

桑原靖夫（1990）「我が国企業の経営構造と経営・管理者の養成・配置――国際比較からみた人事管理、労使関係への含意」『日本労働研究雑誌』No.368 pp.29-42.

小池和男（1966）『賃金――その理論と現状分析』ダイヤモンド社．

小池和男（1977）『職場の労働組合と参加――労資関係の日米比較』東洋経済新報社．

小池和男編（1991）『大卒ホワイトカラーの人材開発』東洋経済新報社．

小池和男（2005）『仕事の経済学（第3版）』東洋経済新報社．

小池和男（2015）『戦後労働史からみた賃金――海外日本企業が生き抜く賃金とは』東洋経済新報社．

小池和男・猪木武徳編（1987）『人材形成の国際比較――東南アジアと日本』東洋経済新報社．

小池和男・猪木武徳編著（2002）『ホワイトカラーの人材形成――日米英独の比較』東洋経済新報社．

河野英子（2009）『ゲストエンジニア――企業間ネットワーク・人材形成・組織能力の連鎖』白桃書房．

佐藤厚・佐野嘉秀（2005）「「成果主義」先進企業の変革——電機メーカー」中村圭介・石田光男編『ホワイトカラーの仕事と成果——人事管理のフロンティア』東洋経済新報社所収．

佐藤博樹（2002）「キャリア形成と能力開発の日独米比較」小池和男・猪木武徳編著『ホワイトカラーの人材形成——日米英独の比較』東洋経済新報社所収．

佐口和郎（2008）「制度派労働研究の現代的価値——社会政策研究との関連で」『社会政策』第 1 巻第 1 号 pp.44-59.

佐野嘉秀（2021）『英国の人事管理・日本の人事管理——日英百貨店の仕事と雇用システム』東京大学出版会．

高橋康二（2017）「総論——基礎的指標による日本的雇用システムの概観」労働政策研究・研修機構編『日本的雇用システムのゆくえ』労働政策研究・研修機構所収．

竹内洋（1995）『日本のメリトクラシー——構造と心性』東京大学出版会．

鶴光太郎編著（2019）『雇用システムの再構築に向けて——日本の働き方をいかに変えるか』日本評論社．

戸塚秀夫・兵藤釗・菊池光造・石田光男（1987）『現代イギリスの労使関係——自動車・鉄鋼産業の事例研究（上）』東京大学出版会．

冨田安信（1992）「昇進のしくみ——査定と勤続年数の影響」橘木俊詔編『査定・昇進・賃金決定』有斐閣所収．

中村圭介・石田光男編（2005）『ホワイトカラーの仕事と成果——人事管理のフロンティア』東洋経済新報社．

野村正實（2007）『日本的雇用慣行——全体像構築の試み』ミネルヴァ書房．

花田光世（1987）「人事制度における競争原理——昇進・昇格システムからみた日本企業の人事戦略」『組織科学』Vol.21 No.2 pp.44-53.

平野光俊（2018）「総合スーパーのパートの基幹化と均衡・均等処遇の取り組み——A 社の 2000年以降の人事制度の変遷の事例から」『日本労働研究雑誌』No.701 pp.40-51.

本田一成（2005）「パートタイマーの組織化の意義——基幹労働力化と処遇整備に注目して」『日本労働研究雑誌』No.544 pp.60-73.

本田一成（2007）『チェーンストアのパートタイマー——基幹化と新しい労使関係』白桃書房．

松繁寿和・梅崎修・中嶋哲夫編著（2005）『人事の経済分析——人事制度改革と人材マネジメント』ミネルヴァ書房．

明治大学社会科学研究所編（1962）『鉄鋼業の合理化と労働——八幡製鉄の実態分析』白桃書房．

八代充史（1995）『大企業ホワイトカラーのキャリア——異動と昇進の実証分析』日本労働研究機構．

八代充史（2002）「日本のホワイトカラーの昇進は本当に「遅い」のか」『日本労働研究雑誌』No.501 pp.41-42.

八代充史（2011）「管理職への選抜・育成から見た日本的雇用制度」『日本労働研究雑誌』No.606 pp.20-29.

山本潔（2004）『日本の労働調査——1945〜2000 年』東京大学出版会．

山本茂（2002）「従来の諸研究」小池和男・猪木武徳編著（2002）『ホワイトカラーの人材形成——日米英独の比較』東洋経済新報社所収．

若林満（1987）「管理職へのキャリア発達——入社 13 年目のフォローアップ」『経営行動科学』Vol.2 No.1 pp.1-13.

Williamson, O. E. (1975) *Markets and Hierarchies: Analysis and Antitrust Implications*, The Free Press（浅沼萬里・岩崎晃訳（1980）『市場と企業組織』日本評論社）．

Doeringer, P. B. and Piore, M. J. (1971) *Internal Labor Markets and Manpower Analysis*, Lexington, Mass: Heath（白木三秀監訳（2007）『内部労働市場とマンパワー分析』早稲田大学出版部）．

「雇用流動型」人事管理の可能性
——中途採用者の活用事例の分析

西村　純

第１節　はじめに

　本章の目的は、大企業セクターにおいて、従来の「長期雇用型」とは異なる「雇用流動型」とみなせるような人事管理が存在しているのかを検証することである。

　日本再生の１つの処方箋として雇用の流動化が主張されている。「働き方改革」から「新しい資本主義」へと政策の名称が変わるなかでも流動化に対する期待は揺らいでいない。「ジョブ型」や「職務給」の導入といった雇用管理や処遇制度改革の必要性が説かれるのも、雇用が流動化すれば現在日本が直面している問題を解決することができるという期待による部分が大きい。

　確かに経済学の教科書を読めば、限界生産性が低い企業から高い企業への労働移動は、生産性を高めることが説かれている。これに従えば流動的な労働市場の存在は、経済の活性化に繋がるであろう。

　もっとも、雇用の流動化が経済を成長させるという考え方について、その妥当性に疑問を呈している研究も存在する。例えば、猪木・杉浦（2019）は、Hsieh&Klenow（2018）の研究に依拠しつつ次の点を指摘している。Hsieh&Klenow は労働移動や企業の創業・退出の低下が、2005年以降の米国経済の停滞の主たる原因だとする議論に対して疑問を呈する。そして、米国において①労働の再配分（reallocation）は米国経済にとってそれほど重要なプラス要因ではなかったこと、②多くの技術革新の成長への貢献は既存企業（創業５年以上）によるものであって、新規参入企業の技術革新ではないことを指摘する。このように、雇用の流動化が経済成長にとってプラスの効果を必ずしももたらすわけではないこ

とが、雇用流動性の高い労働市場の本場ともいえる米国を対象とした研究で発見されている。つまり、雇用流動化の効果については、教科書ではない実証研究レベルにおいてはまだまだ不明瞭な点が存在しているのである。

　上記の指摘は安易な雇用流動化論に対して警鐘を鳴らすものであるが、そもそも日本には「雇用流動型」とみなせるような人事管理を実践している企業が存在しているのだろうか。確かに上記の米国の研究は、雇用流動化の効果に対する慎重な議論が必要なことを認識させるものである。しかし、現象として米国には「雇用流動型」といえるような人事管理が存在している。Cappelli（1999）にもとづけば、長期雇用や内部昇進を前提としないニューディール型の雇用というものが確かに存在しており、それが伝統的なオールドディール型の雇用と双璧をなす雇用モデルとして定着したという事実がある。

　では、日本の場合はどうなのであろう。長期雇用に代表される日本的雇用慣行に対する批判の声は高まっているが、一方で、米国におけるニューディール型に該当するような、すなわち、「雇用流動型」といえるような人事管理を導入している大企業が取り上げられることはほとんどない。古くは氏原が「労働市場の模型」で指摘したように、流動的な労働市場は大企業とは別の世界、つまり、中小企業の世界で存在するという暗黙の前提がそこにはあるのではないだろうか[1]。

　とはいえ、「雇用動向調査」にもとづくと、確かに大企業セクターにおいて「期間の定めのない雇用」の中途採用者数は増加している（第2-1-1図）。2013年に年間の転職入職者が最も多かったのは従業員「5〜29人」の企業で、その数は50万人を超えていた。一方で、従業員「1,000人以上」の企業に転職入職してくる一般労働者は約39万人にとどまっていた。しかし、従業員「5〜29人」の企業に1年間に転職入職してくる一般労働者数は、その後は上下しながらもやや減少基調にある。これに対し、従業員「1,000人以上」の企業に年間に転職入職する一般労働者数は増加基調であり、2019年

1　「労働市場の模型」については氏原（1966）を参照。

第 2-1-1 図　入職先従業員規模別・一般労働者（雇用期間の定めなし）の
**　　　　　　転職入職者数の推移（2013～2019 年）**

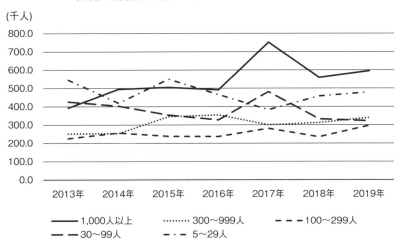

出所）雇用動向調査（各年）より作成。

は約 60 万人と、2013 年の年間転職入職者数よりもおおよそ 20 万人増加している。従業員「1,000 人以上」の企業ほどではないが、2013 年から 2019 年にかけて年間の転職入職者数の増加がみられるのは、従業員「300～999 人」の企業、および「100～299 人」の企業で、2019 年には 2013 年よりもそれぞれ約 8.9 万人、7.1 万人ほど増加している。逆に従業員「30～99 人」の企業への転職入職者数は、2013 年から 2019 年にかけて、おおよそ 10 万人減少している。このことは、労働市場全体の構造として、雇用流動層が中小企業セクターだけではなく、大企業セクターにも一定数以上いることを示唆する。

　では、こうしたマクロ統計上の変化は、内部登用を前提とせずに「流動人材」を活用するような人事管理が大企業セクターにおいて存在していることを示しているのだろうか。もし、その存在が確認されないのであれば、今の我々の雇用制度改革論議は、ありもしない蜃気楼に向かって歩みを進めていることと何ら変わりないだろう。

　日本の大企業セクターにおいても長期雇用を前提とした内部昇進構造の形成過程における一過性のモデルとしてではなく、企業の主体的な選択の結

果、「雇用流動型」が恒常的な状態として存在しているのか。上記の問いを検討するために、本章では、企業の中途採用を通じて「雇用流動型」と言えるような人事管理の有無を確かめる。仮に存在し、そして、それが「長期雇用型」からの転換を伴うようなものであるとするならば、日本において従来とは異なる雇用システムが生まれている契機とみなせるかもしれない。

第2節　長期雇用を巡る先行研究と分析視角

1　先行研究

氏原（1966）が提示した労働市場の「企業的封鎖性」に代表されるように、日本の大企業は、中途採用の活用に消極的であるとされてきた。日本の雇用慣行の主たる特徴の1つとして長期雇用を取り上げ、その実態や変化の有無を検討する研究は、経済学を中心にこれまでも実施されてきた。先行研究で示されている知見を総合すると、かつてはみられなかった短期勤続者が日本においても登場してきている、すなわち、雇用流動層といえる労働者は確かに存在しているようである。

従業員の勤続年数の国際比較を実施した中馬・樋口（1995）は、日本と諸外国において長期勤続者の割合に大きな違いはみられない一方で、短期勤続者の割合が低いことを明らかにしている。中馬と樋口の指摘は、雇用流動層が少ないことが日本の特徴であることを示している。こうした長期雇用は、バブル崩壊後の不況期においても維持されていることが指摘されている（例えば仁田 2003）。特に製造大企業といった特定の業種の企業において、今なおその慣行が維持されていることが確認されている（例えば労働政策研究・研修機構編 2017）。

ただし、近年の研究では、雇用流動層が生まれつつあることも指摘されている。神林（2016）は、企業への残存率より、長期雇用慣行は維持されている（5年以上勤続者の残存率に変化はみられない）一方で、短期勤続者の割合が増加傾向にある（5年未満の勤続者の残存率は低下傾向）ことを指摘する。つまり、長期勤続者は依然として存在しつつ、1つの企業に留まらない雇用流動層が増加しつつある。この点にかかわり、労働政策研究・研修機構

（2021）は、大規模個人調査にもとづき、業種によって「長期雇用セクター」と「雇用流動セクター」が存在していることを指摘する。日本においても流動的な雇用を前提とした人事管理が存在している可能性を示唆する発見であるといえよう。

　もっとも、個人調査からは、企業の意図まではわからない。積極的な理由で流動的な人材を活用しているのか、それとも消極的な理由で活用しているのか。「流動人材」の活用は、人事管理上では中途採用行動として表れる。その際、例えば「長期雇用・内部昇進」を志向する過程で一時的に中途採用が拡大しているのか。それとも、恒常的に中途採用を活用しているのか。同じ中途採用を通じた「流動人材」の活用といっても、上記の 2 つの中途採用では、その意味合いは変わってくる。「雇用流動型」といえるような人事管理の有無を確認するためには、企業側の意図を踏まえた分析が必要になる。

　こうした労働需要側から中途採用を研究した代表的なものとして永野（2007; 2012）がある。永野（2007）は、① 1990 年から 2005 年の間に中途採用が増加し、新卒採用が減少していること、そしてその要因として②新規事業や既存の事業の拡大といった事情があることや、③絶えず新しい血を入れ多様性を確保するという企業の考えがあることを指摘する。もっとも、④中途採用は中小企業で多く行われており、新卒採用方式が確立している大手企業や準大手企業は、新卒採用を今後も維持していくことも同時に述べられている。さらに、永野（2012）は、アンケート調査とインタビュー調査の分析から、①中途採用は売上高が増加した企業で行われる可能性がより高く、したがって景気低迷の影響を受けやすいこと、②要求水準が明確になっている中途採用では、それを考慮するあまり、その先のキャリアまで考慮したうえでの適材が採用できなくなり、結果として新卒者を育成した方が良い人材の獲得につながると判断されやすいことを指摘する。

　本章とのかかわりで重要なことは、次の 2 点である。第 1 に、企業の意図としては、大手や準大手においては、新卒採用方式を維持した方が安定的な人材確保や育成を効率的に実施できると考えられていることである。中途採用を通じた雇用流動層の活用は、あくまで中小企業の世界であるとされている。

第2に、社内キャリア形成などが考慮されることで、中途採用者よりも新卒採用が人材確保の手段として選択される傾向があることである。このことは、新卒社員を内部登用するというキャリアパスを前提に中途採用が実施されていることを示唆する。つまり、「長期雇用型」を維持したうえでの中途採用も存在していることを示している。

以上の永野の分析は、かつて氏原が示した「労働市場の模型」に近い構造を今なお日本が有していることを想起させる。永野の発見にもとづくと、大企業セクターは長期雇用と内部昇進を維持し、中小企業が流動的な人材を活用しているという構造は、今なお維持されているといえる。しかしながら、前節で確認した通り、2013年以降の傾向を確認すると、大企業セクターにおいて中途採用者は増加傾向にある。こうした雇用流動層は、大企業セクターにおいて「長期雇用型」から「雇用流動型」への転換をもたらす存在なのか。この点を検討する必要がある。

2 分析視角

さて、先行研究の指摘にもとづくと、中途採用には次の2つのタイプが想定される。1つは、長期雇用と内部昇進を維持したうえで実施される中途採用である。本章ではこのような中途採用を「新卒補完型」と呼ぶ。例えば、中途採用者が増加していたとしても、新卒採用者の量的な不足を補うものであるならば、企業の内部昇進構造を維持するために実施されている中途採用となる。この場合、人事管理はこれまでの日本的なもの、すなわち「長期雇用型」が維持されていることになる。もう1つは、それとは異なり内部昇進を前提としていない中途採用である。本章ではこれを「新卒代替型」と呼ぶ。例えば、社内に新卒社員がいるものの、内部登用に頼らずに中途採用による外部調達を選択するような人事管理の場合、「新卒代替型」に該当することになる。この場合、「雇用流動型」の人事管理が導入されているといえる。もっとも、大企業セクターにおいてこのタイプの中途採用が本当に存在しているのかは、管見の限り明らかにされていないと思われる。

2つのタイプのイメージを示したものが第2-2-1図である。例えば、「新卒代替型」の中途採用の存在が確認できたのであれば、第1節で提示した問

第 2-2-1 図　「新卒補完型」と「新卒代替型」の中途採用（イメージ）

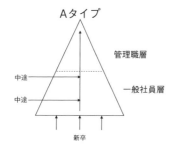

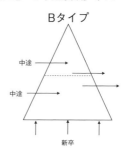

A）新卒補完型の中途採用
・長期雇用モデルに影響を与えない中途採用
・Ex：足りない新卒の補充としての中途採用

B）新卒代替型の中途採用
・雇用流動モデルに繋がる中途採用
・Ex：新卒の内部昇進とは別に恒常的
　　　に発生する中途採用

い、すなわち、「大企業セクターにおいて新卒者の代替として雇用流動層を活用するような人事管理が存在するのか」、という問いに対する回答は「YES」となる。一方で、こうした中途採用が確認されないのであれば「NO」となろう。この点を検討することが本章の主たる作業となる。そして、第二次産業（製造業）と第三次産業（広義のサービス業）の双方において上図の「新卒代替型」の中途採用が広くみられるのであれば、日本の人事管理において従来の「長期雇用型」から「雇用流動型」への代替が進んでいると解釈することができよう。

第3節　分析手法と調査概要

1　調査手法としてのヒアリング調査

　前節で指摘した通り雇用流動層が数として増加したとしても、それが企業の人事管理を「雇用流動型」に転換していることを意味しているとは必ずしもいいきれない。なぜなら、既存の長期雇用を軸とした雇用慣行の補完として実施される中途採用もあるからである。しかしながら、両者をアンケート調査で識別することは難しい。

　例えば、かつて実施されていた「雇用管理調査」では企業が実施する中途

採用の理由について、「1. 既存の事業拡大のため」、「2. 新規事業・新規分野進出のため」、「3. 多様な経験者の活用で組織の活性化を図るため」、「4. 親会社・関連会社からの要請のため」、「5. 退職者の補充のため」、「6. 新規学卒の採用不足の補充」、「7. 人員構成のゆがみを直すため」、「8. 即戦力として活用するため」、「9. その他」の計9つで尋ねている。1から4が「組織・経営面」の理由と位置づけられており、5から8が「人事管理面」の理由として位置づけられている。例えば「6. 新規学卒の採用不足の補充」や「7. 人員構成のゆがみを直すため」は、「長期雇用型」の補完としての中途採用であるといえる。

　一方で判断が難しいのが「8. 即戦力として活用するため」である。例えば、20代の営業社員を即戦力で採用し、採用された社員はその後社内で内部昇進していくとするならば、これは「長期雇用型」の補完となる。一方で、ある事業部門の課長ポストについて、内部登用ではなく即戦力の人材を外部から調達するような場合、これは先の例で示した即戦力確保を目的とした中途採用とは全く意味合いが異なっている。この場合、我々が想定するような「雇用流動型」の中途採用のイメージに近いものとなる。

　仮に「雇用管理調査」とは異なる方法で、管理職の調達方法について尋ねたとしよう。この方法をとれば管理職について内部と外部のいずれかが選択されているのかを把握することができる。しかしながら、日本の人事制度の場合、資格等級上の「管理職相当」も管理職としてみなされることを想定すると、この識別がアンケート調査では難しい。ライン管理職へは内部登用が主流であるとするならば、長期雇用のもとでの内部昇進構造は維持されているといえよう。

　以上の通り、中途採用者数や異動回数などの状態ではなく、雇用管理にかかわる制度を尋ねようとする場合、アンケート調査では困難が予想される。こうした企業の制度を把握する場合、ヒアリング調査であればアンケート調査が直面する課題を克服できると考えられる。そのため、調査手法としてヒアリング調査を採用した。

2 調査概要

　まず、対象となる事例であるが、1,000 人以上の大企業を中心に、非製造業を含む幅広い業種の企業を対象とした（不動産 B 社と食品製造 R 社のみ 500 人以上 1,000 人未満の企業）[2]。その際、社歴が一定期間ある、具体的には 20 年以上の社歴を有する企業を対象とすることとした。

　このように、新卒採用正社員を長期間かけて育成する制度を定着させることが可能な期間を経ている企業を対象としている。内部昇進構造を構築する時間があったにもかかわらず、そうした構造をとらない企業があるとすれば、当該企業は「雇用流動型」の人事管理を志向しているとみなすことができよう。

　業種は製造業 6 社、建設業 2 社、情報通信業 4 社、サービス業 5 社、外食業 1 社、不動産業 1 社、運輸業 1 社である。また、本国が「雇用流動型」の人事管理を導入していると考えられる外資系非製造企業（コンサル業 C 社）も 1 社含まれている。企業の一覧を示すと以下の通りである（第 2-3-1 表）。

　調査の形式は、事前に大まかな質問事項を決めておき、回答者の答えによってさらに詳細にたずねていく、半構造化インタビュー調査である。事前に用意した質問項目は、①正社員の中途採用が増えている部署・職種、②中途採用者の年齢層、③中途採用の理由、④中途採用にあたって、どのような専門性やキャリアを重視しているか、⑤中途採用の際に活用しているルートとその選択理由、⑥採用後の配属や処遇にあたって留意している点であり、調査実施前に対象企業に伝えた。

　各社の調査対象者は人事部門関係者・採用担当者で、1 社あたりの調査時間は 60〜90 分であった。調査は 2019 年 8 月から 2021 年 11 月にかけて実施した。

2　本章の事例記述部分は、労働政策研究・研修機構（2022a）の第 2 章で示された内容にその多くを依拠している。そこで得られた知見にもとづき「雇用の流動化」に焦点をあてて、再構成したものである。

第 2-3-1 表　対象企業の概要

企業名	創業年	従業員数
建設業 A 社	1956 年	4,000 人（単体）
不動産 B 社	1991 年	500 人（グループ計）
コンサル業 C 社	1991 年	12,000 人（日本法人）
部品製造業 D 社	1901 年	1,000 人（単体）
製薬 E 社	1919 年	1,500 人（単体）
外食業 F 社	1962 年	6,300 人（正社員グループ計）
電機メーカー G 社	1899 年	20,000 人（正社員単体）
旅行業 H 社	1956 年	2,400 人（単体）
旅行業 I 社	1912 年	28,000 人（グループ計）
機械製造 J 社	1946 年	1,000 人（単体）
人材サービス K 社	1973 年	10,000 人（グループ計）
運輸業 L 社	1919 年	18,000 人（グループ計）
電子部品製造 M 社	1959 年	78,000 人（グループ計）
情報通信 N 社	1999 年	11,000 人（グループ計）
情報通信 O 社	1991 年	28,000 人（グループ計）
人材サービス P 社	2000 年	1,400 人（単体）
建設業 Q 社	1919 年	6,900 人（グループ計）
食品製造 R 社	1953 年	530 人（単体）
インターネットサービス S 社	1997 年	7,300 人（単体）
シンクタンク T 社	1970 年	1,000 人（単体）

出所）労働政策研究・研修機構（2022a）。

第 4 節　分析結果

1　結果の概要

　第 2-4-1 表は、事例企業の中途採用の特徴をまとめたものである。表を一瞥するとわかる通り「新卒補完型」とは異なる「新卒代替型」に位置づけられるような中途採用を行っている企業は確かに存在している。これらの企業では新卒で採用した社員の内部昇進を必ずしも前提としてない人事管理のもとで人材を活用している。一部のサービス業、インターネットサービス業、外資系の企業、製薬業においてそうした中途採用の存在が確認された。

　その一方で多くの事例は、内部昇進構造を維持したうえで中途採用を実施

第 2-4-1 表　中途採用の特徴

	主な中途採用の職種	想定年齢層	適用される処遇制度	備考	該当事例
A. 新卒補完型	既存事業の営業など、オペレーションを担う人材	20 代後半～40 代前半	新卒採用者と同じ制度を適用	新卒採用者の標準昇給曲線を超える場合は、採用を諦める	部品製造業 D 社、旅行業 H 社、人材サービス K 社、情報通信 N 社、シンクタンク T 社
	新規事業の立ち上げの際に必要な IT エンジニア、IT コンサルなどの専門人材	30 代前半～40 代、場合によっては 50 代も	必要な場合、別枠での処遇を提案する場合もあり（契約・嘱託社員として、もしくは特別な雇用区分を設けている場合もあり (Ex: スペシャリスト採用))	有期契約での活用あり	建設業 A 社、電機メーカー G 社、人材サービス K 社、電子部品製造 M 社、情報通信 N 社、情報通信 O 社、建設業 Q 社、シンクタンク T 社
	特定事業領域を担う管理職や法務、財務、IT エンジニア、IT コンサル、デザイナーなどの専門人材	30 代～40 代が中心、高齢層の場合もあり	必要な場合、別枠での処遇を提案する場合もあり（契約・嘱託社員として）	有期契約での活用あり	旅行業 H 社、旅行業 I 社、機械製造 J 社、運輸業 L 社、食品製造 R 社
B. 新卒代替型	既存事業の管理職	?	既存の等級に調整給をのせるなど、希望の年収に合うよう努力する	内部登用が構造的に困難な面がある	不動産 B 社、外食業 F 社、人材サービス P 社
	エンジニア、プロジェクトマネジャー、コンサルタントなど	20 代後半～30 代が中心。エンジニアはそれ以上の年齢もあり	既存の人事制度の枠内で対応	まず、社内で働き方をみてから管理職に登用が主たる方法	コンサル業 C 社、インターネットサービス S 社、製薬 E 社（一部の事業）

出所）労働政策研究・研修機構（2022a）より筆者作成。

している。該当事例の業種をみるとわかる通り、「新卒補完型」には旅行業やシンクタンクの企業など、日本的雇用慣行の「本丸」とみなされる製造大企業以外の企業も含まれている。大企業セクターにおける内部昇進構造の浸透を表しているといえよう。

　もっとも、その中にも有期契約などで限られた期間の活用を想定している人材はいる。つまり、内部昇進構造を維持している企業においても、高いス

キルを有した「流動人材」とみなせるような労働者が活用されている。ここで重要なことは、こうした雇用流動層は、企業の既存の雇用慣行に変容をもたらすような存在ではないことである。この点については後述するとし、まず、「新卒代替型」に位置づけられるような中途採用の特徴を確認しよう。

2 「新卒代替型」の特徴

「新卒代替型」として2つのタイプが確認された。1つは、「管理職を中途採用で確保する」タイプであり、もう1つは、「新卒と中途を分け隔てなく扱う」タイプである。これらのタイプの企業は、新卒の内部登用を原則とした人事管理を実施していない。その意味でこれらのタイプで採用されている中途採用者は、新卒採用者を代替する存在として位置づけられる。

まず、「管理職を中途採用で確保する」タイプについて。このタイプでは、マーケティングや事業企画など企業の事業展開を支える中核的な人材を中途で調達している。事業部門長やその右腕としての活躍が期待されている。事例企業のなかで、こうしたニーズが特に強かったのが、不動産B社、外食業F社、人材サービスP社といった対人サービスを中核事業とするような企業である[3]。

例えば人材サービスP社では、事業の企画を担当する企画室の責任者を中途採用で補充している。内部で営業などの仕事を経験している社員よりも、異業種の会社で同様の業務経験を経験してきた人材の方が、求められる役割を担ううえで適しているという判断から、こうした人材活用方針をとっている。他社の部長をそのまま部長に採用する、他社の課長をそのまま課長として採用するといった採用が多くなっているという。以下は、人事担当者とのやりとりである。示唆に富む内容なので、やや長いが引用しておきたい。

---

3 なお、ここでいう対人サービスとは、求人企業と求職者のパイプ役を務めるような人材サービス事業、店舗での接客サービスを行う外食事業、不動産事業といったサービス業に位置づけられる一部の業種のことを指している。

質問者「ちょっと大変素人じみた質問で恐縮なのですけれども、経理とか人事とかいうと、ある程度プロフェッショナル、専門職化しているので、中途からダイレクトに採ったほうが効率的かなといったところは実感として理解できるんですが、それこそ経営企画とかは、そういう沢山いる営業で色々な経験をされている方から内部で補充するというのが、人数規模的には可能なのかなというふうに、ちょっと思ってしまったりしたんですけれども、そういうときでもダイレクトで中途で採るというところは、何か理由であったり、やっぱり中途じゃないとできないという、何か要因があったりされるんでしょうか」。

回答者「おっしゃるとおりで、もしかするとできるのかもしれないんですが、特に、企画室という部門に対してかなり当社の経営陣が求めるレベルが高いというのが正直ありまして、やっぱり経営からすると、企画室というものに、これから先、いろいろ変化がある中で、どこに会社のリスクがあるのかであったりですとか、どの部門に進出をすることによって事業、業績を伸ばせていくのかというような、かなり見通しが難しい中で、数値的な根拠も含めてしっかり要望されるというところと、経営のいろいろな思うこと、それは新規事業周りであったり、会社の組織の話であったり、かなり管掌領域が広いのが企画室の役割ですので、その経営からのボールをどんどん的確に打ち返していける、それに対して的確なアウトプットを出せるというのは、今の全社の中で、各事業部で頑張っていて、事業部でそういったことができている人でも全社を見渡してということは、なかなか難しいだろうというところで、事業会社であったりでそういった経営企画室周りで、当社と同じような経営陣からのオーダー、役割、要望というところを受けていく人のほうが早期に活躍ができるんじゃないかという背景をベースにしているところがあります」。

　以上の発言から、このタイプが発生する要因の1つとして、新卒採用で特定の事業部門で営業経験を蓄積した社員と全社的な営業戦略などをたてる管理職の間で必要な能力の乖離が大きいことが挙げられる。そのため、社内の

81

人材で管理的なポジションを補充するよりも、異業種でマーケティングなどを経験している管理職を直接中途で補充することが選択されているようである。

　そしてこの場合、採用に必要であれば応募者の希望の年収の水準が用意される。既存の正社員に適用される人事制度をベースに、調整給を上乗せすることで、応募者の希望の年収水準に近づけようとする傾向がある。例えば、外食業 F 社は、採用候補者の市場価値や、あるいは選考の過程で明らかになった採用が可能となる賃金水準に応じて、まずは既存の正社員を対象とする処遇枠組みの上限に位置づけ、そのうえでさらに必要があれば調整給を支払うというかたちがとられている[4]。このように、賃金にプレミアムを設けてでも採用しようとしている。ただし、既存の人事・賃金制度がベースとなっている。管理職として中長期的な活用を念頭に置いているため、無期契約で既存の制度をベースにしつつ、賃金プレミアムを付与しようとする方法が選択されているのかもしれない。

　次に「新卒と中途を分け隔てなく扱う」タイプについて。このタイプでは、新卒と中途といった採用方法にはこだわらず、そのときに求める人材ニーズに適した人材を調達しようとしている。事業のオペレーションを担ってもらう社員のほか、将来の管理職候補として期待している者もなかにはいる。将来の幹部候補生についても内部と外部から広く集めようとしているという点は、このタイプにみられる見逃せない特徴の 1 つである。

　なお、このタイプでは直接管理職として採用することを否定しているわけではないが、直接部長職として採用することは稀である。まず、社内で働き方をみてから管理職に登用するのが主たる方法となっている。そのため、ターゲットとなる主な年齢層は 20 代後半から 30 代が中心となっている。

　こうしたニーズが強かったのがコンサル業 C 社（外資系）、インターネットサービス S 社であった。これらの企業では企業内の全ての事業でこの方

4　一例を挙げると、「募集段階では部長クラスで 1,000 万円で募集しました。けど 1,000 万円ではいい人がいなくて、結果、みつかった人は 1,200 万円（を希望する人・・・筆者）でした。その人が是非欲しいという場合、部長の給与ゾーンの上限が 1,100 万円だとすると、100 万円は調整給という対応」がとられている。

針が取られている。また、製薬E社は、現状では一部の事業に限定されるもののこうした採用方針のもとで人材を活用しようとしている。外資系企業や比較的新しい産業と思われるインターネット業界でこうした中途採用ニーズが発生しているようである。インターネットサービスS社の人事担当者の以下の発言は、新卒と中途を分け隔てなく活用しようとしている人材活用方針を端的に示していると思われる。

「各事業は、新卒と中途を区分しない格付毎の要員計画を持っている。新卒中途関係なく、必要なスキルセットの人が集まればいいという考え方です」。

　特定の職種というよりはその時々で必要な職種が対象となり、その範囲は多岐に渡る一方で、年齢は20代後半から30代が中心となっている。エンジニアなど理系の職種であればそれより上の年齢もターゲットとなっている。このタイプは、基本的には自社の人事制度の枠内で処遇を決定している。
　もっとも、先の「管理職を中途採用で確保する」タイプと同様に、どうしても必要であれば調整給などの設定を通じて賃金プレミアムを設定している。ところで、この調整給であるが、期待と実際の働きぶりのミスマッチが発生した際には支払われなくなる。このように、調整給は、期待と実際の働きぶりのミスマッチが生じた際の処遇水準の調整弁として活用されている部分もある。

❸ 「新卒補完型」の中に存在する「流動人材」

　ここまで「新卒代替型」の中途採用について確認した。こうした「雇用流動型」の人事管理に位置づけられるような企業が確かに存在する一方で、非製造業を含む他の多くの企業では「新卒補完型」すなわち、内部昇進構造を維持しつつ中途で人材を確保している。もっとも、先に述べたように、これらの中にも雇用流動層とみなせるような人材は確かに存在する。この雇用流動層が企業の人事管理上においてどのような位置づけにあるのか。このことを確認することは、重要なことだと思われる。事例調査にもとづくと「新規

立ち上げ事業のサポート役」と「特定エリアや事業での活躍」が求められている人材が雇用流動層として存在していた。

(1) 新規立ち上げ事業のサポート役

　新規事業の立ち上げ時に活用される中途採用の中には雇用流動層とみなせる人材が確かに存在する。これは一見すると既存の雇用慣行の変容のように感じられるかもしれない。事実、こうした中途採用には、昨今話題の既存の正社員の平均年収以上の報酬を受け取る専門人材（いわゆるスペシャリスト採用やプロフェッショナル採用とよばれる雇用区分）も含まれている。さらに、既存の新卒正社員組以上の処遇が適用されるという意味で、豊かな「流動人材」といえる。こうした雇用区分は、日本的な雇用慣行を前提としない人事管理の萌芽とみなされることもあるように思われる。

　事例企業の聞き取りにもとづくと、主な対象はITエンジニアやITコンサルなどの専門的な知識を有している人材となっており、新規事業の立ち上げから安定化に向けて必要になる専門的な知識を提供する役割や内部人材を育成する役割が期待されている。特に必要な人材の場合、既存の制度とは別枠での処遇を提案する場合もある。また、こうした人材専門の雇用区分を設けて、他社に対して競争力のある処遇水準を提案できる体制が整えられている。昨今話題となっている既存の正社員とは異なる雇用区分として、高額の処遇で採用される「スペシャリスト採用」は、このタイプでの人材確保に活用されている。

　しかし、このような中途採用を実践している企業の内実をみてみると、あくまで「新卒補完型」の中途採用であることがわかる。事例の中でこうした中途採用ニーズを強く持っていたのは、建設業A社、電機メーカーG社、人材サービスK社、電子部品製造M社、情報通信N社、情報通信O社、建設業Q社、シンクタンクT社であった。聞き取りにもとづくと、新規事業が既存事業へと成熟していく過程で、内部人材の活用へと切り替わっていくという。例えば、情報通信N社の人事担当者は次のように語る。このタイプの特徴をもっとも端的に示している内容なので、長くなるが引用しておきたい。

回答者「そういうところ（既存事業・・・筆者）に関しては新たにスペシャリストを外部から採用してくるというケースは正直あまりなくて、ずっとこれまで培ってきたものを伝授していくというようなところで、新卒から入ってきた社員がポストに行くケースが多いかなと思いますけど、やはり中途採用というのだと、先ほど申し上げたとおり、デザインとか、今まで全くない部署を、新たに部署をつくって、これから始めようということであったり、（中略）新たに新規の事業として始めていきます、分野として立ち上げていきますというところに関しては、まず社内にできる人が誰もいないという状況なので、やはり外から専門家に来ていただいて、その方に。もちろん外部の方ばっかりだけだとあれなので、そこで既存の社員も入れて、そこでやっぱり育成というか、既存の社員もそういったところで対応できるような人を育てていく。育てることが今現状、例えば内部だけではできないので、外部の方にも力を借りてというようなところかなと思いますね」。

質問者「ここからは意図というか、計画の話なんですけれども、一時的に新しい事業とかに行く場合には中途を入れますよね。その事業が例えばセットアップ、スタートアップから来て安定になってきたときに、逆に言うと、その頃からは新卒が、中途の人の指導を受けながら新卒が育ってくるわけじゃないですか。そうすると、今度、中途はあまり採らなくなる。もし新しい事業が生まれれば、そこにまた中途が張りつくという。だから、中途が入った部署だからずっと中途率が、瞬間風速的には非常に高くなっても、最終的には中途から新卒への代替が行われて、いわゆる新規事業は、いつかは既存事業になると替わって…、何かそういう非常にダイナミックな動きがあるな、というふうに我々お聞きしていて…」。

回答者「そうですね。おっしゃるとおり。デザインとか、実はデータマネジメントとかというのも本当にこの最近というところなので、これからそこにどういうふうに、新卒で入って育てていった既存の社員が、どうそこでうまく成長していくかというところはこれからというところではあるんですけれども、ただ、事業として、ずっとこのまま固定して変

わっていきませんということではなくて、恐らくこれからもどんどん新しい分野とか技術が出てきて、どんどん事業が変わっていくとなると、やっぱりそこに「今の既存のリソースだけでは対応できないよね」というところがずっと常に起こり続けるんだろうなと思っているので。そうなると、今本当に知見を持っている人を外から入れてきて、やっぱり社内でそういったことを対応できるようにしていく必要があると思うので、中途採用というのが必要なくなるとかということは、会社が存続し続ける限りはないのかなと思ってはいますね」。

　上記の発言が示している通り、中途採用ニーズがゼロになることはない。ただし、時間の経過とともに新卒中心の人事管理に変わっていくことが想定されている。加えて、このニーズの中途採用によって確保される「スペシャリスト採用」の役割に注目すると、新規事業のアイディアをゼロから生み出すというよりは、社内において生み出されたアイディアを事業化する際のサポート役としての役割が期待されている。こうした社員を活用している情報通信Ｏ社の人事担当の次の発言は、「スペシャリスト採用」の社内での役割を知るうえで貴重である。下記の発言からわかる通り、「新卒採用・内部育成・内部登用」が適用される社員が設計した事業をサポートする役割が「スペシャリスト採用」には期待されている。

　「（「スペシャリスト採用」の・・・筆者）目的としては、あれですね。今お話のあった、事業部で必要になってその人を採ってくるという考え方のほうが強いです。（中略）比較的ブレーンとしては、やっぱり新卒からずっと長きにわたって、ある意味偉くなられた方というのも当然そういう全体的な事業設計ができるような人材でもあるので、そこは、そういう新たな事業領域の発案といいますか、そこの戦略というところは社内でやりつつ、そこで決めたものを採ってこようという考え方のほうがどちらかというと強いですね」。

　以上で確認してきたことからわかる通り、新規事業の立ち上げにおいて発

生している中途採用は、「新卒代替型」ではなく、「新卒補完型」の特徴を有している。あくまで、既存の雇用慣行が持続されるなかで、「流動人材」が活用されているといえる。

(2) 特定エリアや事業での活躍

　特定のエリアや事業での活躍が期待される中途採用の中にも雇用流動層とみなせる人材が存在する。対象となる年齢層は30代から40代、場合によってはさらに年齢の高い層もターゲットとなる。年齢の制約は緩やかであり、あくまで求める能力を有しているかどうかが問われる。採用のために必要であれば、既存の正社員の制度とは別枠の処遇が適用される。なお、この場合、嘱託採用など、有期契約での活用が選択される傾向がある。先の新規事業のサポート役と同様に、高い処遇が提示される豊かな「流動人材」といえよう。

　このような中途採用者には、求める職能での専門性の発揮や特定の事業を成長させることが期待されている。既存事業の特定分野やエリア、ならびに、既存事業ではない事業における一部の高度な専門性が求められる仕事において活用することが想定されている。既存事業と大きく異なる高度な専門性が求められたり、特定の分野やエリアに活用が限定されているため、内部育成ではなく外部調達が選ばれている。例えば、旅行業H社では特定の地域を担当する支店長クラスを中途採用で確保している。地域の特有の慣行があり、他の地域との共通性が少ないエリアの責任者は、その地域を良く知っており、すでに関連する業者との関係性を構築できている人材を外から確保する方が人材活用上効率がよいため、一部の特定のエリアについては中途採用で人材を確保している。

　この場合、内部で人材を育成しようと思えば不可能ではないが、人材育成にかかるコストなど、育成にかかわる効率性を考えた結果、内部人材の育成ではなく、外部人材の調達が選択されている。つまり、当該事業領域や職種においては恒常的な中途採用ニーズが発生している。企業が望む量と質の新卒採用を補充できたとしても、中途採用ニーズが小さくなるわけではない。

　もっとも、このタイプの「流動人材」は限られた事業領域や職種に限定さ

れるため、企業の雇用慣行自体に変容をもたらすような存在ではない。この場合、新卒一括採用で確保した内部人材を中心に既存の事業が展開されている。つまり、恒常的に外部からの人材確保を行う領域は残されるものの、企業の人材活用の基本線は、長期雇用慣行を前提としたものになっている。

以上、「新卒補完型」の中にいる「流動人材」について確認した。「新卒補完型」において、豊かな「流動人材」が活用される理由としては、新規事業立ち上げ時の人材確保、特定の限定された分野における人材確保などが挙げられている。これらの理由によって、確かに「流動人材」は生まれている。ただし、それらの人材が企業の雇用慣行の変容を伴いながら活用されているわけではない。

第5節　考察：「雇用流動型」の人事管理と労働市場

さて、ここまでの議論で確認した通り、「新卒代替型」といえるような中途採用が確かに存在している。このタイプの中途採用を実施している企業では、「雇用流動型」の人事管理が実践されていると考えられる。今、「雇用流動型」とみなされる人事管理の特徴を図示すると第2-5-1図の通りとなる。

まず、「雇用流動型」の人事管理として2つのタイプが確認された。1つは、「基幹的役割を担う管理職を外部から調達する」タイプである。これは、一部のサービス業の企業においてみられた人事管理である。ここでの特徴は、事業企画などの全社の戦略を担うような管理職ポストへの人材調達方法として、中途採用による外部調達が行われていることである。そして、内部登用に置き換えようとする動きがあるわけではなく、中途採用での人材確保が想定されている。こうした構造が維持される要因の1つとして、一般社員層の大部分を占める営業職と基幹的業務を担う管理職の間に存在する求められる能力の断絶が挙げられる。

こうした業種においては、新卒社員の多くに求められる現場での対人サービス業務に必要な能力と管理職以上の組織階層の上位層に求められるマーケティングなどにもとづいた営業戦略の構築に必要な能力には違いがあり、そうした違いに対応できる社員が社内にいない（もしくはいたとしてもかなり

第2-5-1図 「雇用流動型」の人事管理

「基幹的な役割を担う管理職を外部から調達する」　　「内部と外部を分け隔てなく活用する」

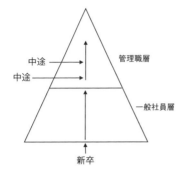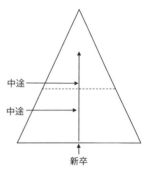

出所）労働政策研究・研修機構（2022a）より筆者作成。

希少）ため、中途採用を恒常的に利用して必要なスキルの確保に努めていた。このことから、事業のオペレーションで求められる能力と事業を管理する際に求められる能力の間に存在する必要な能力の断絶を乗り越えることができる人材の不足が、「雇用流動型」に近い人材活用を維持させている１つの要因となっていると考えられる。

　もう１つは、「内部と外部を分け隔てなく活用する」タイプである。これは、外資系企業、インターネットサービス企業、製薬業の企業においてみられた人事管理である。この場合、どちらを優先するかはその時々によって変化する。ただし、内部登用を主流にしようという動きはみられない。外部調達でも将来の幹部候補生を確保しようとしている。もちろん、「新卒補完型」においても、結果として中途採用者が部長職などの組織階層上の上位ポストに登用されることはあるであろう。しかしながら、結果としてそうなった場合と、採用時点である程度そうした期待がかけられている場合とではその意味合いは大きく異なると考えられる。外部からの調達が、将来の会社の屋台骨を支える管理職を確保するルートとしてみなされていることは、見逃してはならない特徴である。

　「雇用流動型」に該当する人事管理を実施している企業の業種を確認すると、人材サービス、外食サービス、不動産サービスなどの一部のサービス

業、インターネットサービスといった比較的創業年が新しい一部の情報通信業、外資系企業といった企業となっている。これらの企業は元々「雇用流動型」の人事管理であり、今後もしばらくはこのタイプのもとでの人材活用が続くことが予想される。一方、事例のなかでこのタイプに該当しなかった製造業の企業や情報通信にかかわるインフラの構築と整備を中核事業としているような情報通信業の企業では、中途採用者数は増えているものの長期雇用慣行にもとづいて人材が活用されており、「雇用流動型」への移行の萌芽は現状ではみられない。

　ここから示唆される興味深い点は、中途採用の増加に伴い「長期雇用型」から「雇用流動型」へと移行しているような企業は、ほとんどみられないことである。「新卒補完型」の中途採用に位置づけられる企業は、2019年からの過去5年の傾向で中途採用を増やしている。しかし、異なるタイプの人事管理への転換を進めているわけではない。一方で、「新卒代替型」の中途採用に位置づけられる企業では、元々そのような中途採用ニーズのもとで人材を活用していた。既存の雇用システムからの転換を伴うような中途採用は発生しておらず、大企業セクターにおいて、「長期雇用型」と「雇用流動型」が併存しているのが現在の状況のようである。

　このことから、中途採用の増加によって、特定の雇用システムの解体が生じているわけではなく、それぞれが従前から築いてきた雇用システムを維持していることが読み取れる。言い換えれば、中途採用の増加は、「雇用流動型」への転換を促しているわけではないといえる。ここから、従前から「長期雇用型」のもとで人材を活用している企業の雇用システムには変化が生じていないという姿が浮かび上がってくる。

　ただし、「長期雇用型」の企業においても、「スペシャリスト採用」に代表される既存の正社員の処遇制度に組み込まれることなく、社内の新卒組の正社員の平均収入を上回るような雇用流動層が活用されている。「長期雇用型」の企業において、高い処遇を得ている高スキルの雇用流動層、言い換えれば豊かな「流動人材」の活用が進んでいることは確かなことである。見誤ってはならないことは、こうした「流動人材」の増加が、企業の雇用システムそのものの解体をもたらしているわけではないことである。また、その数自体

はそれほど多くはなく、労働市場においてはニッチな存在であることが窺える。したがって、このような雇用流動層を念頭に、雇用の流動化を望ましい人事管理とみなして議論することは、危険であるといえよう。

補論　新規立ち上げ事業において外部調達される専門人材の雇用区分と処遇制度

　本章第 4 節で明らかにした通り、長期雇用慣行のもとでも雇用流動層は確かに存在する。その 1 つに新規事業の立ち上げをサポートする専門人材がいた。この層は近年「スペシャリスト採用」といった名称で企業の雇用区分の 1 つとなっていると共に、その処遇水準や決定方法において既存の正社員とは異なるルールが適用されている。本章第 4 節ではこうした雇用区分の存在は、当該企業の雇用システムの転換をもたらしているわけではないことを指摘した。むしろ、既存社員の育成役など、既存の内部昇進構造を維持するための存在として位置づけられていたといえる。

　とはいえ、従来であれば個別契約の嘱託社員などによって確保されていたと考えられる高度なスキルを有する専門人材に対して、雇用区分を設計し、処遇制度を整備したことは、日本の人事管理を考えるうえで見逃せない点である。かつて日本経営者団体連盟が「新時代の日本的経営」で提示した「雇用ポートフォリオ」において、その定着が予想以上にみられなかったとされているグループが「高度専門能力活用型」であった[5]。専門人材の雇用区分は、90 年代半ば以降においてその定着が期待されつつ、実現していない雇用流動層の萌芽といえるかもしれない。

　また、本書が注目する雇用流動化の文脈においても、個人ではなく 1 つの社員グループとしてみなされるようになっていること、および、高い処遇を得ているという点において、豊かな雇用流動層の拡大を示唆するものと考えられる。とはいえ、こうした専門人材、言い換えれば高い処遇を享受する豊かな雇用流動層は、労働市場全体ではニッチな存在なのかもしれない。だと

5　日経連の雇用ポートフォリオや作成当事者たちのその後の回顧については、八代他（2015）のオーラルヒストリーを参照。

するならば、安易な雇用流動化論を通じた労働者の所得向上といった言説は慎むべきという話になるであろう。

そこで労働政策研究・研修機構（2022b）において実施された事例研究にもとづき、このような高度なスキルを有する専門人材の特徴や処遇制度について確認してみる。対象は、通信事業からサービス事業へと事業構造の転換を進めている情報通信 A 社のグループ会社 2 つ（A1 社と A2 社）である[6]。

1 A1 社

⑴　導入の背景

A1 社はコース別人事制度のもとで人材を活用している。そのコースの 1 つとして、2019 年に専門職用の A コースを導入している[7]。導入した理由は、外部労働市場から高度な専門人材を確保するための人材採用力を強化するためである。A1 社を含む A 社グループは共通の人事制度を構築し、グループ内の人事交流を図れるようにしている。共通の人事制度を構築していれば、新規事業を立ち上げる際に、グループ内にいる適切な人材の移動を円滑に行うことができる。しかしながら、グループ共通の人事制度によって決まる賃金水準は、グループ内で決定されたものであり、市場価値にもとづくものではない。この賃金水準に対する制約は、A1 社が今後伸ばそうとしている事業に必要な人材を外部からも調達しようとした際にネックとなっていた。労働市場においても競争力のある報酬水準を支払うために、既存の正社員とは異なる制度が適用される社員区分が必要となっていた。この点は以下の労組の発言が参考になる。やや長いがそのまま引用したい。

「今回 A コースを作った背景には、外部労働市場から人材を中途採用するときに、A グループの統一プラットフォームの賃金水準が課題になっていました。新たな事業の創造に向けては、新たな事業領域や研究開発分野の特定の職種において、外部労働市場から市場価値に応じた賃金で採用す

6　A 社グループは、従業員規模 5,000 人以上の情報通信業の大手である。また、長期雇用慣行の企業である。

7　制度の呼称は筆者が便宜的につけたもので、A1 社の正式な呼称ではない。

る必要性がありました。それまでは、異なる社員区分で登用・採用するしかなかったというのが実態でした。そういう意味でも、専門職のコースを作ったというのは、外部労働市場を中心に、今までの通信事業じゃない領域や分野のいわゆるプロフェッショナルの人たちを採用して、経験ノウハウを事業の成長に生かすことができる即戦力の人材を確保する観点が非常に強かったのが背景だと思っています」。

ところで、このような専門人材は従来から有期の嘱託社員として採用していた。なぜ、A コースという特定の社員区分を新たに設ける必要があったのか。この点については、次の人事部門の発言が参考になる。

「A1 社が通信分野だけの事業で、ある程度の利益を確保し続けられるのであれば、嘱託制度がある中で、A コースの制度やコース選択型人事制度を創設することまでの議論はなかったかもしれません」。

「既存の嘱託制度と今回の A コースにおける有期雇用のすみ分けという観点でいうと、強化領域の嘱託社員については、このような形で制度を切り分けて、ひとつ（A コースとして・・・筆者）ブランディングをしたうえで年俸設計する形で作り上げたものとなります」。

以上からわかるように、単に専門性が高いというのではなく、事業戦略上、重要な領域を担当するような専門職の確保を念頭に設置されたのが A コースとなっている。このように、会社として新たな市場に進出するうえで必要な社員を確保することを目的に設置されたのが A コースとなっている。

⑵　活用方針・処遇制度

A1 社は事業やプロジェクトのスパンを考慮し、A コース社員の契約期間は最大 5 年（単年度契約の 4 回更新）としている。労働需要側である会社のニーズと供給側である A コースに応募するような社員のニーズ双方の面を考慮するなかで、有期雇用が適切だと考えてそのような形にしたという。労

働需要側の面では、事業立ち上げのスパンをおおよそ5年程度と考えており、基本的にはその期間内で結果を出してもらうという方針が反映されている。と同時にAコースに応募してくるような社員はそもそも定年までの長期雇用を前提としていない社員が多く、彼らのニーズに沿うかたちで有期契約での募集としている。もちろん、契約期間が満了した後に正社員として採用することもできるが、その場合A1社の職能資格制度が適用される。基本的には契約期間の間で成果を出してもらうという方針がとられている。

質問者「Aコースの方については、例えば処遇の変動はありにしろ、基本的には更新、更新というのを重ねていくことを想定されているのか。何かある程度本当に文字どおり有期で、大体5年ぐらいの、現状の中期事業計画とかそういうものの単位でいてもらおうと考えているのか。考え方としてはどちらのほうが近いものなんでしょうか」。

回答者「そうですね、外部からの採用については、今のところ後者の考え方が強いかなと思っております」。

次に、処遇制度であるが、年俸制となっており、固定部分（月例給）と変動部分（賞与）で構成される（第2-6-1図）。実際の年俸額は、個人ごとに定められたKPIの達成水準に応じて、100%なら幾ら、115%なら幾らといった具合で決められている。このように、個人がその年にあげた業績に応じて水準が変動するような仕組みとなっている。採用時のAコース社員の年俸水準については、当人の持っているスキルや経験などを踏まえて、外部の報酬データなどを参考に決定される。課長職でも年収が2,000万円に達することもあるという。採用後、固定部分と変動部分の比率が個別交渉で決定されると共に、KPIの達成水準毎の年俸総額が決められる。人事によるとその比率は、固定部分が4で変動部分が6、もしくは、固定部分が3で変動部分が7といった場合が多いという。変動部分が大きい処遇制度となっている。固定部分は月例給として支払われ、変動部分は賞与としてKPIの達成度に応じて支払われる。

変動部分である賞与の比率が高いことは、外部採用者の妥当な処遇水準を

第 2-6-1 図　A コースの処遇制度

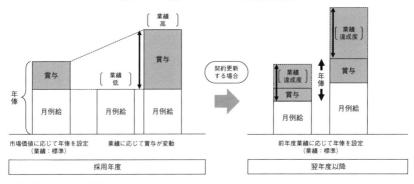

出所）労働政策研究・研修機構（2022b）。

実現するうえでメリットがあるという。外部採用者の情報を社内で採用前に完全に把握することは難しい。そのため、採用時の年俸水準が高すぎることや低すぎることが発生することは、この制度を運用するうえで十分に予想されたことだったという。外部の評判と A1 社の経営上の価値との間にギャップが生じた場合、この賞与部分において処遇水準の調整が行われるような仕組みとなっている。

　そのため、契約の更新の際に、翌年の年俸総額が決められるのであるが、前年の業績を考慮し、年俸額の上限と下限が変更されることもあるという。加えて、目標達成度が思わしくなかったり、未達成の場合は、年俸総額の水準が下がるだけでなく、場合によっては、契約更新がされないこともあるという。なお、退職手当は対象外となっている。

　そのような制度が適用される A コース社員のキャリアは、総合職の社員とは異なっている。A コース社員は、エンターテイメント、医療、金融、ライフスタイルの 4 分野の中で特定の分野に限定して配属される。加えて、総合職社員に行われる定期的なジョブローテーションも行われない。制度上、採用時よりも上位の管理職に昇進することは可能であるが、基本的には採用時のポストで成果を出すことが求められている。なお、現状では、A コース社員は、事業を担当する組織の管理者である室長クラス（部長と課長

の間）等のポストに就いている。なお、A コースの社員は 6 名である[8]。

2　A2 社

(1)　導入の背景

　A2 社は、セキュリティ分野などで高い専門性を持つ人材を確保するために、2002 年から専門職社員制度[9]を設計し、有期雇用で企業外から人材を調達してきた。2019 年に専門職社員制度の見直しを行い、アドバンスド・専門職制度（AS 制度）とした[10]。

　専門職社員制度の見直しを行った理由として、次の 2 点が挙げられる。1 つめは、外部労働市場の変動に対応できるような制度を構築するためである。新規事業を担う専門性の高い人材を外部から調達するには、市場価値に応じた報酬を支払う必要があるが、その価格は変動することがある。この変動に対して柔軟に対応できるような制度を構築する必要があった。

　ここで重要なことは、柔軟性には 2 つの側面があることである。1 つは、市場価値の上昇に対する柔軟な対応である。例えば、他社の引き抜きに対するカウンターオファーなど、市場賃率の上昇に対する即座の対応を可能とするような制度の構築が人材確保において必要不可欠であった。もう 1 つは、市場価値の低下に対する柔軟な対応である。市場価値の変動の結果、場合によっては、現在支払っている給与が、その人材の市場価格を上回ることがある。こうした変化にも柔軟に対応できるような制度を構築する必要があった。そのため、市場価格の変動に応じて柔軟に報酬を設定できる仕組みが必要であった。

　2 つめは、社内にいる専門性の高い人材のリテンションのためである。A2 社の職能資格制度は、昇進や昇格を通じたキャリアアップを想定した制度であるため、高い専門性を持っていても、管理職の適性が劣る人材には適切な処遇を行えなかったり、キャリアアップのルートが描きにくいという課題を抱えていた。その結果、高い専門性を有する人材が他社に移ってしまう

8　2020 年 8 月 25 日に実施した調査時点での状況。
9　制度の呼称は筆者が便宜的につけたもので、A2 社の正式な呼称ではない。
10　制度の呼称は筆者が便宜的につけたもので、A2 社の正式な呼称ではない。

という問題が生じていた。新卒採用で A2 社に入社した社員のなかにも、事業を伸ばすうえで必要な技術やスキルを有した専門人材は存在する。彼らをA2 社に留まらせるためにも専門人材用の処遇制度や社内キャリアを整備する必要があった。

⑵　活用方針・処遇制度

　A2 社の AS 制度は、外部と組織内部の両方に開かれた社員区分となっており、雇用期間は無期雇用または有期雇用となっている。以下 AS 制度の処遇制度やキャリアについて確認する。

　AS 社員の賃金は、役割給、業績給、専門手当で構成されている。役割は、4 つのランク（ロール 1〜4）で構成されており、各ランクに賃金レンジが設定されている。それぞれの役割ランクには定義が設定されている。この定義であるが具体的な職務やポストが明記されているわけではない。また、部下を指導するといったマネジメント業務を想定した文言も用いられていない。従事する業務内容の経営上の重要度や業務内容の専門性に応じた処遇を行うという目的から、そのような文言となっている [11]。以下の人事担当者の発言が参考になる。

　「企業利益を創造するような仕事であればロール 1 と定義していますが、それだけでなく社長や役員へ直接アドバイスするようなポストであればロール 1 としますので、決してこのロールは必ずマネジメント要素を含んでいないといけないというものではありません」。

　AS 社員が格付けられる役割ランクは、参加しているプロジェクトの経営上の重要度、日々の仕事でアドバイスを提供している社員の役職、採用時の

11　例えば、ロール 1 の定義は、「幹部層に対して、長期的な市場や事業について意見を提起し、会社の事業をコントロールするほか、専門分野を超えた重要かつ困難な判断が求められる。そして、会社全体に影響を及ぼすプロジェクトで利益を出すことに責任を持つ」であり、ロール 4 は、「専門家の意見や提言、活動を参考に市場や事業を理解したうえで、率先して事業に取り組むほか、市場や事業を理解するために根底にある課題を整理する」となっている。ロール 4 は、専門分野における特定事業の確実な遂行に対して責任を持つ層と位置づけられている。

役職などを考慮して決められる。例えば、「役員や社長へ直接アドバイスできるような人材であればランク1」というような具合で、格付けされるランクが決まるという。役割のランクは定期的に見直しされることになっており、AS 社員の業務内容に応じて決められる。

AS 社員の賃金制度を示したものが第 2-6-2 図である。役割給はランクごとに賃金レンジが設定されており、それに加えて特定の人材には専門手当が支給される。役割給のレンジは同じ職位の総合職社員の賃金水準と大きな離

第 2-6-2 図　AS 社員の処遇制度

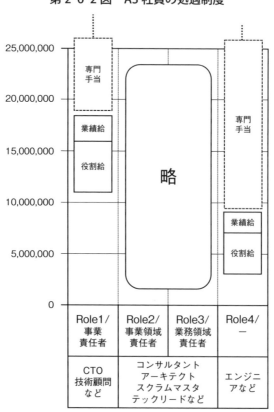

出所）労働政策研究・研修機構（2022b）。

齬が無いように設計されている[12]。

> 質問者「役割給はたしかベース部分になると思うんですけれども、この役
> 　割給の水準というのは、既存の職能資格制度のほう、資格と給与上の水
> 　準と対応とかはしたりされているんでしょうか」。
> 回答者「水準設定の際に、ある程度各職能資格で持っている権限と今回設
> 　定するロールでの役割を意識はしながら設定しました。部長クラス級や
> 　一緒に働く方の年収をある程度見て幅を決めてきました。でも必ず 1 対
> 　1 の対応で見て幅を決定はしていない形にはなっています」。

　AS 社員の賃金は、目標達成率に応じて年間の総額が設定されるように
なっている。例えば、組織長であれば、営業利益額の達成、開発系の社員で
あれば、特許の出願数といった形で、可能な限り数値化して評価が行われる
という。評価は絶対評価で行われているため、目標達成に応じて設定された
額が賃金となる。変動幅は、役割給の賃金水準の 50％を上限とし、通常
25％の水準で設定されるという。
　ところで、AS 制度の特徴は、役割給の他に専門手当が設定されているこ
とである。当該社員の市場価値が役割ランクの給与レンジでは収まらない場
合、役割ランクの変更ではなく、手当を支給することで必要な水準の賃金を
支払うこととしている。現在手当の支払い対象となっているのは、AS 社員
の 10％程度となっている。この手当は 3 年に一度見直されることになって
いる。導入過程において手当の見直しの頻度について社内で議論になった。
1 年、3 年、5 年が検討された結果、3 年になっている。他社と比較した際の
採用力と処遇の柔軟性を考えた結果、3 年としている。

> 「採用担当とも相談しましたが、1 年だったら人は応募して来ないという
> 　ことでした。社外から高度な人材を雇うということが本来の目的ですの

---

[12]　A 労組 A2 社本部へのヒアリングによると、役割給が適用される AS 社員と職能資格制度が適
　用される総合職の正確な年収ベースの比較は難しいが、平均すると比較対象の総合職の 140％水
　準とするような制度となっているという。

で、最終的に、社内的には3年という結論を出しました」。

　以上のように、役割給と専門手当によってAS社員の賃金は決定されている。役割給は組織のなかで担当する仕事レベルやそれに必要な技能のレベルに応じてその水準が設定されている一方で、当人の専門的なスキルの市場価値は手当によって支給されている。異なる賃金支払い原理が併存した制度となっている。なお、AS社員は、退職金制度の適用外となっている。退職金も含めた水準として、役割給の給与レンジが設定されている。人事担当者は次のように語る。

　「横と縦で給料を上げていく感じです。なので、本当に一匹狼の人は、役割としてはロール4のまま、高度な専門性を持って何千万も払う人がそのうち出てもいいかもしれません。その人が世界に唯一無二であれば」。

　こうした処遇制度が適用されるAS社員のキャリアであるが、一般社員層から組織長まで様々な役職の社員がいるものの、配置先は特定分野に限定されている[13]。直近の主な活用分野としては、セキュリティ、ソフトウェア、グローバル、マーケティング、デザイナーがある。A労組A2社本部によると、AS社員は、担当分野の部門長までのキャリアが想定されているという。事業本部長などの役員クラス以上は、基本的には総合職からの登用が想定されている。また、総合職は定期的に人事異動（通常3～4年に1回）が行われるが、AS社員には行われない。

　AS社員の確保の方法であるが、外部からの採用が150名程度、内部からの転換が50名程度となっている。このように社内からも一定数の者がAS社員となっている。人事担当者によると、社内で影響力のあるような総合職社員の定着に寄与している面があるという[14]。

13　2020年8月の段階で200名程度おり、そのうち、組織長が4名いる。残りはエンジニア（セキュリティ分野、クラウド分野、AI、IoTなど）やセールスとなっている。延べ546人（管理職212人、一般社員層334人）が採用されてきたという。なお、この人数にはAS社員制度ができる前の有期契約社員時代に採用された人数も含まれている点は留意されたい。
14　次のA2社人事担当者の発言が参考になる。「やっぱりほかに転職するよみたいな若い方が多

　最後に、AS社員の雇用についてであるが、組織内の役割の変化や市場価値の変動に沿って組織から提示される処遇水準で働くことを本人が合意するのであれば、AS社員としての雇用を維持する方針がとられている。また、社内からの転換組については、AS社員としての仕事がなくなった場合は、総合職として再び受け入れることとしている。この結果、「総合職⇔AS社員」という双方向のキャリアパスが構築されている。その際の再転換時の職能資格等級への再格付けについては、個別対応としている。

3 基本原則としての雇用慣行の持続性とそのなかでみられる変化

　以上、新規事業の展開に向けて必要な専門人材の確保のために設計された社員区分と当該区分に適用される人事制度について確認した。ここまでで確認した通り、新卒社員に対する内部昇進構造を維持しつつ専門人材の外部調達が進められている。

　こうした人材は数のうえではそれほど多くなく、また、ライン上のポストを上方移動していくようなキャリアが想定されているわけではない。また、彼らを統括するポジションには新卒で確保された総合職が就くことが想定されている。これらの事実は、第2章第4節で指摘した内部昇進構造を維持しつつ実施される「新卒補完型」の特徴を有した中途採用であることを示しているといえよう。その意味で、この種の専門人材は、原則としての内部昇進構造の転換をもたらすような存在ではない。

　もっとも、原則としての内部労働市場の構造を維持しつつ、その中でみられる変化もある。まず、嘱託契約での確保から、社員区分の設立という変化にみられるように、こうした専門人材自体の量は増加している。全社のなかでは少数派であるものの、単独での数自体は増加しているといえよう。そして、こうした専門人材は定年までの定着が想定されていない。A1社は有期契約の原則5年までの雇用、A2社は無期雇用も可能であるが「提示する処遇水準に合意するかぎり」という条件がつく。逆をいえば、長くいるからといって総合職のように一定の昇給が保障されているわけではない。ある種の

　くて、社内で影響力のある方にはやっぱりそれなりの提示をさせていただかないと引き留められないというか」。

プロスポーツ選手にみられるような組織と個人間のドライな関係性が想定されているといえる。

　また、適用される処遇制度もKPIの達成率で報酬額が決まるような制度となっている。また、外部市場の報酬水準との連動性が高い処遇制度となっている。この点も職能を基準にする場合であれ、職務を基準にする場合であれ、社員等級の等級ごとに設定された賃金表と自社で設計したプロセス評価と成果評価にもとづいて昇降給額が決められる正社員にみられる典型的な処遇制度とは異なっている部分である。

　その意味で、長期雇用慣行にもとづいて人材を活用している企業の内部において、高スキルの雇用流動層、言い換えれば豊かな「流動人材」の活用が増加していることは確かなことである。見誤ってはならないことは、こうした雇用流動層の増加が、企業の雇用慣行そのものに変容をもたらしているわけではないことである。2社という限られた事例からの知見ではあるものの、この2事例は、日本における雇用の流動化を考えるうえで重要な点を示唆しているように思われる。

参考文献

猪木武徳・杉浦哲郎（2019）「理論の単純な適用ではなく、事実に根差した政策論を」日本経済調査協議会編『調査報告2018——3 日本の強みを生かした「働き方改革」を考える』日本経済調査協議会所収.

氏原正治郎（1966）「労働市場の模型」氏原正治郎『日本労働問題研究』東京大学出版会所収.

神林龍（2016）「日本的雇用慣行の趨勢——サーベイ」『組織科学』Vol.50 No.2 pp.4-16.

中馬宏之・樋口美雄（1995）「経済環境の変化と長期雇用システム」猪木武徳・樋口美雄編『日本の雇用システムと労働市場』日本経済新聞社所収.

永野仁（2007）「企業の人材採用の変化——景気回復後の採用行動」『日本労働研究雑誌』No.567 pp.4-14.

永野仁（2012）「企業の人材採用の動向——リーマンショック後を中心に」『日本労働研究雑誌』No.619 pp.21-28.

仁田道夫（2003）『変化のなかの雇用システム』東京大学出版会.

八代充央・牛島利明・南雲智映・梅崎修・島西智輝編（2015）『「新時代の「日本的経営」」オーラルヒストリー——雇用多様化論の起源』慶應義塾大学出版会.

労働政策研究・研修機構編（2017）『日本的雇用システムのゆくえ』労働政策研究・研修機構.

労働政策研究・研修機構（2021）『労働政策研究報告書 No.210　長期雇用社会のゆくえ——脱工業化と未婚化の帰結』労働政策研究・研修機構.

労働政策研究・研修機構（2022a）『労働政策研究報告書 No.220　「長期勤続システム」の可能性——中途採用と新規事業開発に着目して』労働政策研究・研修機構.

労働政策研究・研修機構（2022b）『資料シリーズ No.257　「サービス化」の下での人材マネジメン

ト――企業ヒアリング調査から』労働政策研究・研修機構.

Cappelli, P. (1999) *The New Deal at Work: Managing the Market-Based Employment Relationship*, Harvard Business School Press（若山由美訳（2001）『雇用の未来』日本経済新聞出版社）.

Chang-Tai Hsieh and Klenow, P. (2018) "The Reallocation Myth" CES 18-19（https://www2.census.gov/ces/wp/2018/CES-WP-18-19.pdf）（2022 年 10 月 5 日アクセス）.

第 3 章　情報通信業の人事管理にみる長期雇用のゆくえ

西村　純

第 1 節　はじめに

　本章の目的は、企業で実際に導入されている人事管理の実態にもとづき、雇用システムの転換の可能性について検討することである。第 1 章でも指摘したように、雇用システムの転換を示すような契機が企業内部において観察されるのか。この点について検討することが主なテーマとなる。しかしながら、この点を検討しようとすると次のような難題に直面する。すなわち、対象とすべき業種の選定の困難である。「質問紙調査を通じて全体の傾向を把握すれば良いのではないか」。このような批判が出てくるかもしれない。しかし、大量データによる観察では、ある規範から別の規範への転換の契機を見落としてしまう場合もある。転換の萌芽は少数派として登場する。そのため、データの中に転換への契機が埋もれてしまうかもしれない。この点を補うのが事例調査の 1 つの意義であろう。本章が事例調査を選択する理由である。

　しかしながらその際に重要なことは、今の時代にみるべき業種の企業を特定し、そこで導入・実践されている人事管理を検討することである。この業種の選定は制度派の労働調査の事例研究における生命線の 1 つといえよう[1]。事実、鉄鋼調査や自動車調査など、その時代を彩る重要な業種を対象に調査が実施されてきた。

　例えば 1956 年に佐久間ダムの調査が実施されている。この調査報告書自体は日本における労働市場の構造を実証的に解明した貴重な調査なのであるが、この当時を知らない世代からすると「なぜダムなのか？」という疑問が

1　制度派の指すところについては第 1 章注 1 を参照されたい。

わき出てくる。この対象の意義を山本（2004）に依拠して、①経済社会の動向、②生産体制、③労働供給の構造の視点から筆者なりに整理すると次のようになる。

　まず、①経済社会の動向について。戦後、日本資本主義の「自立再建」のコースの選択は、次の２つがあった。１つは、軍需品生産重化学工業を中心とした立国をめざすコースであり、もう１つは、平和産業へと転換し、成長の道を模索するコースである。後者を選択するなかで訪れたのが高度経済成長期であった。1955 年から 65 年の 10 年間の実質経済成長率の平均が 10％を超えるまさに繁栄の時代であった。国内市場の拡大と併せて増加する電力需要への対応は、国の経済の成長速度を維持するうえで重要な課題であった。経済社会の面から電力産業を検討する意義があったのである。

　次に、②生産体制と③労働供給の構造は、いずれも共通の意義があった。すなわち、近代化の進展を検討するうえで格好の素材であった。まず、②生産体制については、佐久間ダムは、アメリカのアトキンソン社の建設技術と機械を一括導入して建設されたものであった。つまり、海外から先端の技術を導入してサービスの供給体制を整えようとしたという点で、先進事例の１つとして位置づけられるものであったのである。

　そうして導入される技術の先進性の一方で、建設にあたる労働者の労働供給構造の特徴は、「組制度」つまり、前近代的な供給構造であった。したがって、この時代の労働調査の主たる関心事項であった技術と労働の変化を検討するうえで格好の素材であったわけである。より具体的には、先進技術の導入が労働力の供給構造の近代化、すなわち、請負から雇用への転換をもたらすのか。それも年功秩序にもとづかない近代的な雇用関係をもたらすのか。この点を検討できるという意味において、雇用関係の近代化の契機を捉えるうえで、格好の対象であったわけである。この当時の時代背景や労働研究の関心に「佐久間ダム」は合致していたのである。

　話を戻そう。では、雇用システムの転換の契機を検討するうえで、どの業種のどの企業に着目すれば良いのか。しかしながら、この選定は「佐久間ダム」の時代のように簡単ではない。もちろん、時代の核心となるような対象を選定できているか否かは、後世になってみないわからない。しかし、雇用

システムをテーマとした本書において適切だと考えられる、少なくとも検討すべき価値があると考えられる業種を選定する必要がある。

　このような態度にもとづくと、既存の研究蓄積の乏しい分野に飛び込まざるを得なくなる可能性が高くなる。当然、調査協力先の開拓も困難を伴う。1970年代における自動車産業を対象とした調査が置かれている状況と似ているだろうか。しかし、今振り返ればその隆盛著しい自動車産業も、かつては鉄鋼業や紡績業に比べると、蓄積の乏しい未開拓の領域であったわけである。そうした未開拓な産業領域への進出が、新たな知見の開拓に繋がってきた部分もあったはずである。未開拓の領域を対象に日本企業の人事管理の変化の契機の有無を探り当てること。本章ではこの点にチャレンジしてみたい。

第2節　対象業種の選定と理由

1 手がかりの乏しさ

　では、雇用システムの転換の契機を検討するうえで、どの業種のどの企業に着目すれば良いのか。しかしながら、この選定は「佐久間ダム」の時代のように簡単ではない。例えば1つの手がかりに産業政策がある。例えばドイツであればこの点は明確だといえる。「インダストリー4.0」の主たる狙いは、自国の代表産業である製造業の競争力の維持・向上にある[2]。GAFA（グーグル、アップル、フェイスブック、アマゾン）のような企業を生み出そうとしているわけではない。この場合、みるべき産業は製造業になろう。一方日本の場合、かつてPioreとSabelが称賛したような明確な意図にもとづいた産業政策というものは見当たらないように思われる[3]。グローバル化のなかで、どの産業を中心にどのようなポジションを目指しているのか。この点が非常に曖昧である。GAFAのような企業を生み出したいのか、それとも既存の製造業の競争力を時代に適したものにしていきたいのか。先のドイツと比べると極めて不明瞭であるといえる。そのため、政策レベルの議論を参考に業種を選ぶことは難しい。

2　ドイツの「インダストリー4.0」の狙いについては藤本（2017）を参照。
3　PioreとSabelは、当時の日本の産業政策を称賛している（Piore & Sabel 1984）。

では、産業構造から手がかりを得ることはできるだろうか。この点については、非製造業の拡大という明確な現象がある。しかしこれでは広すぎる。鉄鋼や自動車などでみられたように、経済をけん引するような非製造業を対象とする必要があろう。この点、人材サービス業は、あくまで他の業種の繁栄が前提となるので対象からは外れることになる。では、労働者の量的な拡大を指標にしてみてはどうだろう。高橋（2017）は、政府統計を中心に日本的雇用システムにかかわるマクロ統計を整理している。そのなかで、雇用が拡大している業種として、医療・福祉と情報通信業を挙げている。医療・福祉は、今後も需要が伸びるであろうし、社会的な重要性も高いといえるだろう。コロナ禍は、この分野の重要性を再確認させた。しかし、医療・福祉が日本経済の競争力を牽引する業種なのかというと、そうとは考えづらい。

　では、情報通信業はどうなのか。この点について、手に入るマクロデータと既存の先行研究に依拠して考えてみたい。

2 マクロデータからみる情報通信業の可能性

　第3-2-1図は、産業ごとの年齢別賃金を示したものである。日本的雇用システムの「本丸」ともいえる「製造業」との比較でいうと、「金融業, 保険業」、「教育, 学習支援業」、「学術研究, 専門・技術サービス業」、「情報通信業」といった産業がその水準を上回っている。では、こうした賃金水準の比較的高い産業は同時に生産性も高いのであろうか。

　第3-2-2図は、産業ごとの実質生産性の伸びを示したものである。「製造業」を上回っているのは「教育」、「情報通信業」、「金融・保険業」の3つである。もちろん生産性として示される数値が各産業の競争力を示していると断定することには留意が必要である。しかし、1つの指標にはなり得よう。

　ところで、これらの産業の生産波及はどの程度なのか。製造業が重視される1つの理由は、生産波及の大きさであり、それに伴う雇用創出力にあったと考えられる。その象徴が自動車産業であった。産業単体で賃金や生産性の伸びが大きかったとしても、それが閉じた世界となっていては経済社会に対する貢献は小さいといえる。

　この点について、上記3つの産業、および生産波及の大きい代表的な業種

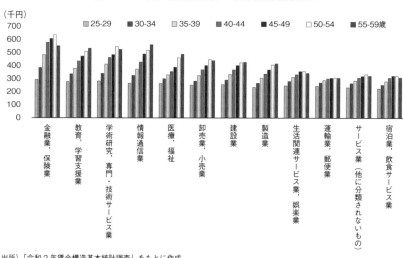

第 3-2-1 図　主要産業の年齢階級別賃金

出所）「令和 2 年賃金構造基本統計調査」をもとに作成。

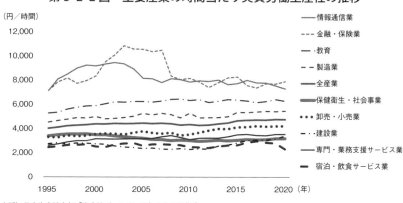

第 3-2-2 図　主要産業の時間当たり実質労働生産性の推移

出所）日本生産性本部「生産性データベース」をもとに作成。

であると考えられる「輸送機械」の生産波及の数値を示したものが第 3-2-3 図である。図をみるとわかる通り、非製造業の 3 つのなかでは情報通信業が最も高い数値を示している。確かに自動車産業に代表される輸送機械の製造と比べると低く、また、全産業の平均を若干下回っている。

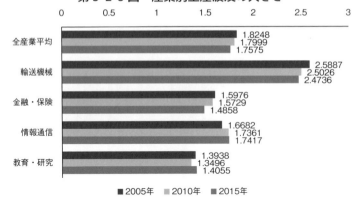

第 3-2-3 図　産業別生産波及の大きさ

	2005年	2010年	2015年
全産業平均	1.8248	1.7999	1.7575
輸送機械	2.5887	2.5026	2.4736
金融・保険	1.5976	1.5729	1.4858
情報通信	1.6682	1.7361	1.7417
教育・研究	1.3938	1.3496	1.4055

■2005年　■2010年　■2015年

出所）総務省「平成17・23・27年接続産業連関表報告書」より作成。

　しかし、第二次産業以外の産業では数少ない全体の平均に近い数値を示している業種となっている。また、2005年からの10年間でその数値を伸ばしている産業でもある。経年的な伸びでみると「輸送機械」も大きく減らしている。その意味で、拡大傾向にある産業のなかで重要な産業の1つといえよう。このように、マクロデータは、労働者個人、企業の競争力、経済社会のそれぞれのレベルにおいて、「情報通信業」の重要性を示しているといえよう。

3　先行研究上の位置づけ

　マクロデータでみる限り、情報通信業は対象産業の1つとして成立しそうである。とはいえ、この業種をみることは、雇用システムにかかわる研究上の貢献をもたらすのだろうか。そこで、以下で雇用関係の国際比較研究を起点に、確認したい。

　雇用関係の研究を振り返ると、情報通信業に高い関心が注がれた時期がかつて存在した。1990年代前半から半ばにかけて、大規模国際比較プロジェクトも実施されており、その調査結果は、Katz（1997）において取りまとめられる。また、資本主義の優勢が明確になった後に関心が高まった市場経済の多様性について、その収斂と多様化の傾向を示したKatz&Darbishire

（2000）でも調査で得られた知見が活用されている。Katz（1997）に依拠すると、情報通信業が取り上げられた大きな理由は、規制緩和と雇用慣行の検討にあった。新自由主義的な政策の象徴が、それまで公共サービスとして行われてきた事業の民営化であった。90年代の市場経済の動向を示す「金融化」の雇用慣行への影響を調べるうえで、格好の対象であったと考えられていたわけである。

　Katzは、民営化の結果、各国間における情報通信大手の雇用慣行が分散したことを指摘している。情報通信業は、かつては手厚い雇用保障、正規雇用中心、年功的な処遇など、各国とも類似の雇用慣行のもとで、人材を活用していた。それが、70年代から80年代にかけての規制緩和の結果、アメリカやイギリスのアングロサクソン諸国では雇用保障が消失し、日本およびヨーロッパでは雇用保障が引き続き維持されるなど、各国間の雇用慣行の相違が大きくなった。国際的にみて雇用慣行の分散が進むと共に、アングロサクソン諸国と他の資本主義諸国で異なるルートが選択されることとなった。つまり、アメリカにおいては新たな雇用モデルへの転換が進み、日本においては既存の雇用慣行にもとづく人材活用が維持されたことが明らかにされている。

　日本において情報通信業を取り上げた研究としては、中村・平木（1996）や中村（2005）がある。中村・平木（1996）は、Katz（1997）における日本の情報のもととなった調査の取りまとめである。中村・平木（1996）では、能力査定が導入されるなど賃金制度に変化が生じていること、その変化に対して労働組合も協力的な態度を示したことが指摘されている。もっとも、雇用慣行の特徴という視点でみると、上記の変化によって、長期雇用と査定付きの年功的処遇という、いわゆる製造大手において導入されている人事管理との共通性が増すことになったといえよう。

　中村（2005）は、中村・平木（1996）と同一企業を対象に、2000年初頭に実施された処遇制度改訂を取り上げている。そのなかで①人事考課結果を反映する割合が高まったこと、②評価項目において保有する能力ではなく、職務行動が重視されるようになったこと、③部門業績管理において重視される指標と人事考課制度において重視されることの間に乖離があること、④人

事考課の運用は各事業部門の現場に裁量が与えられていることなどが指摘されている。この当時の日本で流行していた「成果主義」導入の実態について興味深い知見が数多く発見されている。

とはいえ、中村（2005）の発見にもとづくと、雇用慣行の特徴という視点でみると、人事制度改革は、正社員の既存の雇用慣行にもとづいて実施されていたことがわかる。既存の雇用慣行の持続性というKatz（1997）の指摘は、2000年代もあてはまっているといえよう。

しかしながら、これらの既存研究は、調査対象が通信設備を持ち、通信網を展開する企業に限定されてしまっている。Katz&Darbishire（2000）では自由化に伴うベンチャー企業の設立も指摘されているが、あくまで通信事業に主たる関心が向いていたため、その他の情報サービス事業を営む新興企業は関心の外に置かれてしまっている。したがって、情報通信業が、従来の雇用慣行が持続される産業として位置づけられるのかを検討するうえで、既存の研究は対象が限定されすぎている面がある。

この点にかかわり、通信事業を営んでいる会社以外に目を向けると全く異なった世界が広がっている可能性は、例えばPiore&Sabel（1984）やCappelli（1999）から示唆される。PioreとSabelは、大量生産方式のもとでの過度に専門化された分業体制から「柔軟な専門化」にもとづく分業体制への転換を予想した。ここでいう「柔軟な専門化」とは担当職務範囲の柔軟性を意味しており、その意味では日本的な特徴を有しているといえるが、そうした「柔軟な専門化」の発生元としてイタリアや日本と共に、アメリカのシリコンバレーが挙げられている。

また、Cappelli（1999）は、アメリカにおける従来型の雇用慣行をオールドディール型とし、それとは異なる新たな雇用慣行としてニューディール型が台頭してきていることを指摘した。このオールドディール型で指摘されている特徴にもとづけば、先のKatzが指摘する従来型の雇用慣行にもとづいた人事管理が想定されていると考えてよいであろう。ただし、Cappelliの議論が取り上げられる際にあまり言及されていないが、全ての産業がニューディール型に置き換わるわけではなく、オールドディール型が馴染む場合もあることも同時に指摘されている。ここで重要なことは、Cappelliのニュー

ディール型の人事管理が導入されているとされている対象のなかにアメリカ経済を牽引していくことになるエリアや企業が含まれていることである。具体的にはシリコンバレーや新興 IT 企業である。

　このように、異なる分野の研究において、典型的な働き方に転換をもたらす存在として、新興 IT 企業が位置づけられている。アメリカの変化を念頭に置くと、日本においても新興のメガベンチャーも対象に含めて情報通信業の人事管理の現状を把握することは、雇用システムの今後のゆくえを占ううえで 1 つのヒントを与えてくれることになるのではないだろうか。

　以上、本節では取り上げるべき業種が明確でない現状において、雇用システムを考えるうえで取り上げるべき価値のある業種を選定することを試みた。マクロデータや先行研究で指摘されていた事柄にもとづくと、情報通信業が 1 つの重要な対象になると考えられる。そして、その際には、通信事業に従事する企業だけではなく、その他の事業領域の企業も対象とする必要があることを確認した。本章では雇用関係研究において手薄であった領域の蓄積を目指す。

第 3 節　分析視角

　本章の検討課題は大きく 2 つある。1 つは、アメリカでみられたような人事管理の主役交代の萌芽が情報通信業の大企業においてみられるのかについてである。もう 1 つは、仮にみられずに、日本の特徴とされるような人事管理に近い性質を持ったものが導入されているとすれば、そこにいかなる機能が期待されているのかについてである。

1　ホワイトカラーの人事管理を巡る労働研究

　分析の焦点を明確にするために、既存のホワイトカラーを中心とした人事管理研究の到達点を確認しておきたい。第 1 章でも指摘した通り、ホワイトカラーの人事管理研究は、ブルーカラーのそれとは異なり、生産性との関係で導入されている人事管理の強みを実証しようとした研究は管見の限り少ないと思われる。長期雇用と年功的な賃金は日本に限らず欧米諸国にもみられ

ることを前提に、それが存在する経済合理性について検討が行われてきた。

　そのなかで生産性の向上といった企業の競争力との関係でホワイトカラーに適用される制度を検討した研究は思いのほか少ない。第1章で指摘した猪木（2002）が提示した第1のルート、すなわち、「技能の測定や仕事内容のモニターの難しさを前提に、その難しさ（不確実性）に対処するために、企業組織が導入してきた選抜と育成の方法や制度を考察するルート」を採用した研究の蓄積は、キャリア研究に比べて少ないのが現状である。

　上記のルートからの接近は、石田光男や中村圭介らを中心に「仕事管理」研究としてその知見が蓄積されている（例えば石田 2003; 中村・石田編2005）。しかしながら、第1章でも指摘した通り、モノ作りにかかわる業務以外を対象とした際に、当該職場が最も注力する「行動体系」が特定できていないという問題を克服するには至っていない。この点は、パナソニックの「仕事管理」を明らかにしようとした石田・上田編著（2022）にもとづくと一層鮮明になる。開発、生産、販売のうち、開発と生産は「原価の低減」に成員の主たる努力が集約されている。「原価の低減」に向けた行動を各人に促すために、インセンティブとコントロールの仕組みが構築されていることがクリアに描かれている。その一方、販売においては成員の主たる努力が集約されている事柄が明確にはなっていない。例えば組織の管理指標としてP（購入）S（販売）I（在庫）は設定されている。しかし、売り上げの最大化に注力するのか、それとも在庫の最小化に注力するのか。両にらみというのが事実であり、そのため、「モノ作り」の世界のように特定の目標の達成に向けた行動を各人に促すためのインセンティブとコントロールの解明には至っていない。

　この行為の特定の難しさは、論者間の想定する行為の共有を難しくする。共にホワイトカラーを取り上げた小池・猪木編著（2002）と中村・石田編（2005）が、お互いに不確実性に対して効率よく対応できるような制度の在り方に関心を置いていたにもかかわらず、かみ合わない議論を引き起こす要因にもなっていた[4]。しかしながら、次の中村・石田編（2005）の指摘は重要

4　この点については第1章を参照されたい。

である。

「問題処理の効率、いい換えれば生産性という点で説かれるべき課題は、「仕事経験の広狭が問題処理の効率を高めるかどうか」ではなく、狭い（あるいは広い）仕事経験で求められるような問題処理において、それを効率的にするためには何が必要かである」（p.274）。

この「何が必要か」にかかわる知見の蓄積の必要性は今なお失われていないと思われる。

2　ささやかな試み

　さて、第１章でも指摘した通り、猪木、中村、石田の三者のやり取りから、特定の行為を念頭に置いたうえで、その行為を担う人材の調達方法や処遇を論じることが重要になってくると思われる。予め具体的な行為を特定したうえで、その行為を企業の中で持続的に生み出すための仕組みに注目することによって、中村と石田のいう「仕事経験が求められる問題処理において、それを効率的にするためには何が必要か」という小池と猪木に対する批判に関わる議論の前進に挑戦してみたい。

　その際、企業の部門業績管理から帰納的に当該部門のホワイトカラーにとって重要な行為を特定することの困難さを石田の一連の研究は物語っている（例えば石田　2003; 石田・上田編著　2022 など）。本章ではいったんこの作業は脇に置き、演繹的な思考で特定の行為を設定したい。帰納的なアプローチの開拓は今後の検討課題としたい。今、企業における仕事を単純化すると大きく次の３つに分けられると思われる。

　①新たな事業を生み出す行為
　②生まれた事業の管理
　③特定の管理のもとで求められる作業の遂行

本章では新しい事業を生み出すという行為に注目したい。第１章でも確認

した通り、石田や中村による「仕事管理」の研究は、主に②と③の行為を対象としている。そして、猪木の批判、言い換えれば「熟練論」側の批判は、①のような行為を生み出す制度の解明には至っていないというものであった。不確実性への対応は、「仕事管理」と「熟練論」の両ホワイトカラー研究の中心問題である。であるならば、企業活動において不確実性が大きく、失敗のリスクも高いような行動を担う人材を企業はいかなる方法で調達し、処遇しているのか。

　本章では企業の持続的な成長を支えるために必要だと思われる行為、具体的には新たな事業のアイディアを生み出す行為に注目し、その行為を持続的に引き出すために、企業が実施している人材調達と処遇の方法についての事実の蓄積を目指す。そして、そこから得られた知見にもとづいて、雇用システムのゆくえについて考えてみたい。例えば、長期雇用や内部登用が導入されているとするならば、そこに期待されている機能は何なのか。昇進競争に代表されるような競争を通じた企業の活性化なのか。もしくは、他の期待される機能があるのか。このことを検討することは、特定の雇用システムの維持や転換の可能性に対して、有益な知見を提供してくれるように思われる。

第4節　事例分析

1　事例の概要と人事管理の特徴

　以上の視点にもとづき、本章では次の4つの情報通信業の企業を対象とした[5]。第3-4-1表は、各事例の概要をまとめたものである。全て企業規模1,000人以上（グループ計）の大企業である。また、いずれの企業も新しい事業の開発に取り組んでいる。4社のうち、A社のみが通信設備も有する企業となっている。先の雇用関係に関する先行研究との関係でいうと3社（B社、

5　本節の事例記述部分は、労働政策研究・研修機構（2022）の第3章で示された内容にその多くを依拠している。ヒアリング調査の実施概要は以下のとおりである。①A社（2020年8月24日・2021年4月12日：人事部門、2021年9月3日：「イノベーション部門」）、②B社（2020年3月12日：人事部門、5月18日：子会社Ba社社長、5月27日：子会社Bb社社長）、③C社（2021年10月25日：人事管理職、10月26日：採用担当者、10月28日：新規事業の人事担当）、④D社（2021年11月1日：人事部門）。

第 3-4-1 表　調査対象となる情報通信企業 4 社の概要

	情報通信 A 社	インターネットサービス B 社	インターネットサービス C 社	情報通信 D 社
創業年	1990 年代	1990 年代後半	1990 年代	2010 年代
従業員規模	グループ計約 28,000 人	グループ計約 5,000 人	グループ計 20,000 人強	グループ計 2,000 人弱
事業内容	通信事業〜非通信事業（エンターテインメント、医療、金融、ライフスタイル）	インターネット広告事業を起点に、メディア事業やゲーム事業などの事業にも参入しているメガベンチャー	インターネット関連サービスを中心に事業を展開する日本の大規模ベンチャー企業	Web 上でのマーケットプレイスの運営、決済サービス、ネットショップ開設プラットフォームの設計事業や暗号資産事業
新たな事業を生み出す人材の調達方法	内部人材中心	内部人材中心	内部人材中心	内部人材中心
適用される処遇制度	自社の正社員と同一の制度能力主義にもとづいた処遇制度	自社の正社員と同一の制度能力主義にもとづいた処遇制度	自社の正社員と同一の制度能力主義にもとづいた処遇制度	自社の正社員と同一の制度能力主義にもとづいた処遇制度
全体の雇用管理方針	専門的なキャリアパス構築の試み	内部昇進ルートの構築の試み	新卒＋中途による人材確保の継続、ただし、新卒比率を高めていく方針管理職への登用も基本的には内部登用	中途＋新卒による人材確保、ただし、新卒比率を高めていく方針

C 社、D 社）は、既存の研究では取り上げられてこなかった事例だといえる。これらの 4 社において導入されている人事管理を通じて、雇用システムの転換の契機の有無やその理由について検討する。

　第 3-4-1 表が示す通り、結論からいうと雇用管理については内部調達が重視されている。また、処遇制度については能力主義型の人事管理、すなわち、役職と等級を分離した制度が導入されていた。メガベンチャーであってもこの 2 つを中心とした人事管理が実践されている（もしくはその方向が目指されている）。創業年度が新しければ当然中途採用の比率は高くなるが、では、2 章で示したような「雇用流動型」のような人事管理が志向されているかと問われれば、そうではなかった。これら 4 社の状況から、成長している企業において志向されている人事管理は、「長期雇用型」に近いものといえる。

　事例企業では雇用管理については内部調達が、処遇については職務にもと

づかない能力主義に近い制度が志向されていた。必要なときに必要な人材を外部から調達するような人事管理が志向されているわけではなかった。日本経済団体連合会の会長を輩出することもあるような社歴の長い大手製造企業でなくても、「長期雇用型」に近い人事管理が選択されているようである。何故なのか。この点について、以下それぞれの事例を確認していこう。

2 A社

(1) 人事制度の特徴

A社は1990年代に創業し、現在、従業員規模はグループ計で約28,000人となっている。通信事業からサービス事業まで幅広い事業を手掛けている。A社は、もともと通信事業を中心に事業を展開してきたが近年非通信分野にも事業領域を拡大している。特に4つの業界分野（エンターテインメント、医療、金融、ライフスタイル）への事業拡大を進めている。このように、通信から総合サービス企業への転換を目指している。このようなA社の人事管理について確認する。まず、社員等級は能力を基準に設計されている。そのため、配属先のポストと格付けされる等級を厳密に対応させる必要はない。そして、基本的には評価結果の積み重ねに応じて昇格するような制度となっている。こうした等級制度により、柔軟な配置と抜擢を可能にしている面がある。

第3-4-1図　A社のコース別管理

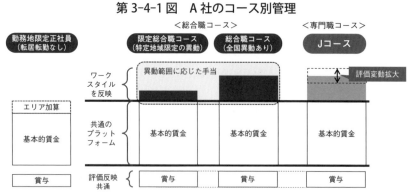

出所）労働政策研究・研修機構（2022）。

　ところで、A 社は 2018 年よりコース別管理を導入している（第 3-4-1 図）。コースには、全国転勤有の総合職、限定総合職、勤務地限定正社員の他、専門性の発揮が期待される「J コース」がある[6]。

　この「J コース」は、通常の総合職よりも評価結果が処遇に反映される制度となっている。総合職コースであればワークスタイルを反映して手当として固定的に支払われる部分が、J コースの場合は、評価結果に応じて賃金が変動するような制度となっている。そのため、評価結果がよければ、同一等級で評価結果が同じ総合職よりも高い賃金となる一方で、評価結果が思わしくなければ、総合職よりも低くなる。このように、「J コース」は、4 つの正社員区分の中では成果報酬型よりの処遇体系となっている。

(2)　新規事業開発への挑戦と部門の管理

　さて、上述の通り A 社は、通信事業を中心に事業を展開してきたが近年非通信分野にも事業領域を拡大している。特に 4 つの業界分野（エンターテインメント、医療、金融、ライフスタイル）への事業拡大を進めている。このように通信から総合サービス企業への転換を図るなかで、2014 年に設けられたのが「イノベーション部門[7]」である。A 社はもともと職能別組織であったが、事業の拡大に伴い事業部制が導入されている。関連性の高い事業部が事業本部に統轄されるような組織構造となっている。事業部制を基本としつつ、それとは独立する形で「研究開発本部[8]」が設けられている。「研究開発本部」の中にもいくつかの部門があり、そのなかの 1 つが「イノベーション部門」となっている。新たな事業開発に取り組むために必要な組織のあり方が議論されるなかで、事業のアイディア出しから事業化までを一気通貫で行えることの重要性が認識されはじめ、この組織が設立されるに至ったという。

　「研究開発本部」の他の部門は開発する技術や分野が定められている一方

6　A 社の正式な呼称ではない。コースに対する期待役割は次の通り。「特定の分野・職種において専門性を発揮し、新たな事業創造に向けて比較的ロングスパンでの持続的なチャレンジを期待」。

7　部門の呼称は A 社の正式な名称とは異なる。

8　部門の呼称は A 社の正式な名称とは異なる。

で、「イノベーション部門」は、すでに展開されている事業内容にとらわれることなく、新たな事業を生み出すことが期待されている。当事者の言葉を借りると、「ゼロからイチを生み出す」ことに挑戦している組織となる。事業のアイディアを出し、それを事業化に向けて推し進め、A社に新たな事業を生み出していくことを担う部門だといえよう。ここで生まれて事業化に至ったものは、既存の事業部門に移すか、もしくは、子会社として独立していくことになる。

　ところで、事業本部側も自分たちの事業領域で新規の事業に取り組んでいるはずである。そうした事業部側の新規事業開発と「イノベーション部門」側の新規事業開発にはいかなる違いがあるのであろうか。違いは、企業の事業戦略との関係性にある。事業部側の新規事業開発が企業の事業戦略にもとづいて行われる一方で、「イノベーション部門」側の新規事業開発は、事業戦略の制約を受けずに社内で展開されていないような事業も対象となっている。A社における次の事業を育てていくことが目指されているといえよう。下記の「イノベーション部門」とのやり取りが参考になる。

　　回答者「各事業本部の中でも新たな新規事業を検討してないかっていうとそんなことはないです。ただ、それぞれの事業本部の方針とかに沿って検討しているなかではもちろん、「深化」と「探索」っていう二軸で表現すると、探索的な営みもあるとは思いますと[9]。ただ、軸としては（事業部側が・・・筆者）比較的事業責任を負ったなかで、その方向性に沿ってやっていくといったところと、あとは、（イノベーション部門側は・・・筆者）そういうのにとらわれずチャレンジしていくっていうそういう違いかなという気がしますね」。

　　質問者「ある種大きな会社の戦略から導き出される、次の５年でこういう事業をやっていこうみたいな、そういうある程度企業経営の縦のライン

9　「知の探索（exploration）」とは、自社内メンバーが持つ既存の知の範囲を超えて、より知を広げていこうとする行為である。一方「知の深化（exploitation）」とは、既存の一定分野の知を深めていくことを意味する。近年では「両利きの経営（ambidexterity）」として、この２つの行為の両立を模索・検討する動きが注目を集めている（例えばO'Reilly&Tushman 2016）。

　　みたいなのに関連性の強いところを事業本部みたいなところ、（中略）
　　が担っていて、「イノベーション部門」というのは、必ずしもそういう
　　戦略から事業の中長期計画みたいなところには、そんなに直接的には関
　　係ないんだけれども、ビジネスの卵としておもしろそうじゃないかみた
　　いなところも含めて開発していっているという、何かそういう位置づけ
　　になるんでしょうか」。
　回答者「今おっしゃっていただいた理解が近いと思います」。

　「イノベーション部門」では、おおむね 30 から 40 のプロジェクトが動い
ている。これらのプロジェクトのアイディアは、大きく 2 つのルートを通じ
て生まれている。1 つは、「研究開発本部」内の社員発のものである。もう 1
つは、「イノベーション部門」と「人事部門」が共同で開催しているアイ
ディア募集コンテストを発端にしたものである。A 社の全社員を対象とし、
社内公募で選ばれたチームがアイディアベースから顧客の声を聴き、ブラッ
シュアップ期間を経て、メンターと共に事業アイディアの検証を重ね、A
社にとって新たな収益、社会的インパクトをもたらす新事業を創り出してい
くことを目的に実施されている。このコンテストで表彰されたものは、実際
に事業化に向けて動いていくことになる。
　いずれの場合も採用されたアイディアは、「事業開発サポートプログラム」
に則って、「イノベーション部門」が中心となり、事業化に向けて取り組ま
れていく。なお、アイディアの発案者は、「イノベーション部門」に異動と
なり、そこで事業開発に取り組んでいくこととなる。「事業開発サポートプ
ログラム」が目指しているのは「リーンスタートアップ」であり、小さく生
んで大きく育てていくことを基本に素早い事業開発体制の構築が目指されて
いる。小さく、早く検証を繰り返し、社内外と連携し、事業開発・運営の一
気通貫を可能とすることで、短期間での事業化が目指されている。その際、
必要であれば社外の人材の協力も仰いでいる。A 社ブランド名を用いずに
他社と組んで事業検証を行うなど、A 社外のメンバーとも協力しながら事
業開発に取り組んでいる。また、仮説検証の各ステップの節目で会議体を設
置し、段階を踏むことで、新規事業の不確実性を下げるよう取り組んでい

る。「アイディア創出」、「顧客課題確認」、「解決策検証」、「収益性検証」の
それぞれのステップにおいて、検証会議を実施し、各フェーズにおいて設定
される KPI の達成が思わしくなく、事業化が見込めないと判断すればプロ
ジェクトを終了させるなど、事業化にいたるまでのプロセスの進捗管理は厳
しく実施している。

(3) 「イノベーション部門」の人員配置の特徴

　「イノベーション部門」には現在 75 名が配属されている。そのうち、事業
化の際に作られた子会社に出向している社員を除く 58 名が「イノベーショ
ン部門」で事業開発に取り組んでいる。そのうちの 8 割程度は新卒採用者
で、1 割程度が中途採用者となっている。その他、若干名グループ会社から
の転籍者がいる。また、中途採用者も 30 代前半の者が多く、採用後は長期
的に A 社に勤めてもらうことを想定した採用となっている。「イノベーショ
ン部門」の社員の平均年齢は 35 歳程度となっており、若い層が集まってい
る部門となっている。また、研究開発ではなく、事業開発であるため、配属
される社員は理系出身者もいれば文系出身者もいる。加えて、「イノベー
ション部門」の社員は、A 社で実施されている 3 年に一度の定期異動で様々
な部署を渡り歩くのではなく、部門に腰を据えて新規事業の開発に取り組ん
でいる。このように、事業開発を担える若手を社内から集め、新規事業を生
み出すことが目指されている。

　「イノベーション部門」は A 社の中でもやや雰囲気が異なっている部門で
あり、例えば、出社時の服装なども A 社の既存中核事業である通信事業に
携わる事業部に比べると随分異なっている。「イノベーション部門」立ち上
げの際に社内公募を実施したところ、「好き勝手にやりたい」若手社員から
予想以上の応募者が集まったという。また、部門に所属している社員には副
業を実施しているメンバーも複数おり、A 社とは別の組織での学習機会を
有しながら、日々の業務に携わっている。その意味で、自社以外の組織との
交流が盛んな部署といえる[10]。このように、A 社の中でもやや異質な人材が

10　「イノベーション部門」の責任者の次の発言を参照されたい。「あとおもしろいところを紹介す
　　ると、副業しているメンバー多くてですね、半分以上副業していますので。そういう多様性はあ

集まり、新たな事業開発に向けて取り組んでいる。部門の責任者の言葉を借りると、「ベンチャー的な動きを」している社員の集まりとなっている。

　社員の多くは事業開発の責任者としてプロジェクトを回している。その事業が収益を出せる状態になり、例えば子会社化することでプロジェクトからイグジットすることになった場合、その責任者が子会社の社長となるケースもある。この場合、A 社の社員等級上では管理職未満の主査相当の者が社長に登用されるケースもあるという。年齢にすると 30 代前半である。このように、年齢やそのときの社員等級上のポジションにとらわれず、事業を軸に配置転換が実施されている。

　こうした抜擢を行う一方で、一度希望してはみたものの事業を創るファウンダーとしてではなく、既存事業において仕事の手順がある程度固まっている業務を効率的に行う方が向いていることに気づく社員もいる。この場合、A 社で実施されている定期異動を利用して、適した職場に移っていく。ファウンダーのような業務は、事前に必要な業務内容や能力を具体的に定義することが難しい。実際に仕事を経験してみる方法でしか、社員と仕事のミスマッチを判断する手段がないという。こうした仕事内容の明確化や能力定義の難しさのもとで必要な人材を調達していくなかで、定期的な社内異動の仕組みが寄与している部分もある[11]。

　「新規事業ってやりたいと思ってやり始めたんだけど、けっこう向いてないという人もいるんですよね。やってみると結構苦しくて、逆にオペレーションで、やり方が決まっていて効率的にやるとか、うまく資料を作るというほうがやっぱり我々の会社だと向いている人もいて、ただ新規事業やりたいんだといって答えのないところをやる苦しさってすごくあって、だからそういう向いてない人は逆にいうと定期的に回してあげたほうがそのメンバーのためにもなるなというところはあるかなと思っています」。

りますね。どんどん副業しろといって。一応人事に出さなきゃいけないんですけど、しょっちゅうサインを私もしているので」。
11　以下、本項で引用されている発言内容については、特に断りのない限り、A 社「イノベーション部門」へのヒアリング記録による。

もっとも、この場合の定期的な人事異動は、幅広い経験を積むことによるスキルアップというよりは、人材と仕事のマッチングにおいて避けられない不確実性への事後的な対処として活用されているといえる。

(4)　動機づけの特徴

　事業開発には失敗のリスクも大きい。そのようななかで、どのようにして社員を動機づけているのであろうか。結論を先にいうと、金銭的な報酬ではなく、仕事の進め方や内容によって報いる方法が選択されている。本項(1)で指摘した能力にもとづく処遇制度が適用されている。事業化の出口戦略としては子会社化の選択肢もあり、現に子会社化している事業もあるが、ストックオプションといった金銭的な報酬の仕組みは導入されていない。

　「比較的この「イノベーション部門」ってできた当初も含めてこういう社内の中でも比較的ベンチャー的な動きをして、ある意味、誤解を恐れずに言うと、好き勝手やるみたいな、何かそういうところ自体が、初期フェーズとしてはインセンティブになっていて、この部署に行きたいっていう若手とかがかなり多かったというのが事実です。例えば人事的に、会社を興すとストックオプションが与えられるとか、そういうベンチャー的なインセンティブって実はほとんど作れていなくてですね、どちらかというとこういうことをやりたいっていうメンバーの受け皿というところで、それ自体がインセンティブになっていますという構造が実態です」。

　このように、成功に伴う金銭的な報酬よりも、「やりたいことができる」といった行動面に対する組織の寛容な態度が、社員への動機づけとなっている部分がある。こうした行動への寛容性は、失敗に対する処遇への反映にも表れている。「イノベーション部門」では、人事評価の際に、社員のとった行動を重視している。高い失敗のリスクを恐れずに社員に挑戦を継続させるために、失敗を恐れずに挑戦することを称賛するようにしているという。

「新規事業って基本的には千三つみたいな言葉もありますけど、基本的には数打ってほとんどは正直失敗しますということは、まず前提として、そういう文化を作るみたいなのはけっこう大切にしています。要はチャレンジを称賛するみたいな形で、それで、例えば失敗も称賛みたいな、（中略）いわゆる挑戦したことを称賛して、それをノウハウにしようみたいな、何かそういう営みをしたりしていますというのと、あと、人事評価的にはある意味あれなんですよね。チャレンジしたことに対して評価して、必ずしも結果の財務的な結果が全て評価に反映されるというよりは、行動的なところであったり、そういうところをミックスして評価しているといったところです」。

　以上の発言からわかることは、人事評価を行ううえで、行動に重きを置くことで、従業員のリスク回避行動を抑制しようとしていることである。「千三つ」であったとしても、成果を出すための行動を継続させるうえで、成果報酬を高めるのではなく、そのプロセスでの行動を重視する方法が選択されている。こうした失敗のリスクを強く意識した処遇制度が選択されていることを表すこととして、「イノベーション部門」の社員で先に紹介した「Ｊコース」を選択している者は、調査時点においてはいなかったことも指摘しておきたい。

　事業を創出するファウンダーとしての活躍が期待される社員に対しても、成果がダイレクトに処遇に反映されるような制度が適用されているわけではない。また、選択できるコースの中では評価結果が処遇に反映されるコース（Ｊコース）を選択している社員もいない。出した成果を処遇によりダイレクトに反映させるような制度ではなく、より処遇水準の安定性が確保されている処遇制度が選択されているといえよう。このような処遇制度を通じて、失敗するリスクの高い環境下で、挑戦的な行動を社員から引き出そうとしている。

　加えて、こうした能力をベースとした制度は、Ａ社の創業以来の事業である通信事業におけるインフラの整備を担う社員の技能形成やチームワークの形成にも適した制度となっているという。その意味では、段階的に技能を

蓄積し、チーム単位でミスなく仕事を完遂することが求められる現場でオペレーションを担う人材と、ファウンダーとして新たな事業を個人の力で生み出していく人材という一見すると両極に位置づけられるような人材双方にフィットするような人事制度が、能力をベースとした制度のもとで実現しているとみなすことができる。ただし、制度に期待されている機能は異なっており、ファウンダーに対しては、彼らの技能を伸ばすというよりは、リスク回避行動を回避させることを目的にこうした制度が維持されている。

　もちろん、課題もある。ファウンダーに求められている行動を引き出すうえでは、現在の制度が適している面があるが、例えば、株式公開段階以降も現在の他の社員と同じ処遇制度を適用することが適切なのか。今後、さらに事業が成長した際に、子会社の社長や役員に対するインセンティブのあり方については答えが出ていない。もっとも、成果報酬を重視すれば、ファウンダーの行動に制約をかけることに繋がるかもしれない。「イノベーション部門」が生み出した新規事業は、IPO（Initial Public Offering）の一歩手前の段階の事業であり、人事管理上の課題として顕在化しているわけではないが、この点についての解を見つけ出すことは、今後の人事管理上の課題として残されている。

　また、事業の成長と共に社長に求められる役割も変化していく。創業者をそのまま子会社の社長として据え置くか、それとも、ある時点で社長を交代し、再びファウンダーとして新たな事業の開発に取り組んでもらうのか。「イノベーション部門」に配属されている社員の中長期的なキャリア構築についても、最適な解を模索中である。

　これらの課題は、立ち上げ期と安定期の双方を網羅できるような人事管理の実践の難しさを表しているといえる。人事管理が抱えるジレンマといえよう。

3 B社

(1) 人事制度の特徴

　B社は1990年代後半の創業で、従業員規模はグループで5,000名程度の日本を代表するメガベンチャーの1つである。インターネット広告事業を起

第 3-4-2 表　B 社の社員等級と賃金表の概要

	等級数	等級毎の賃金レンジ	昇給の仕組み
管理職コース	12 等級	なし	・各部門で予算の範囲内で評価結果や現在の賃金水準を参考に昇給額を決定。 ・等級、年齢、経験などを考慮し、乖離が発生している場合は、給与を見直す。
プレーヤーコース	7 等級	なし	・各部門で予算の範囲内で評価結果や現在の賃金水準を参考に昇給額を決定。 ・等級、年齢、経験などを考慮し、乖離が発生している場合は、給与を見直す。
エンジニアコース	15 等級	あり	・各部門で予算の範囲内で評価結果や現在の賃金水準を参考に昇給額を決定。 ・等級、年齢、経験などを考慮し、乖離が発生している場合は、給与を見直す。 ・該当する等級の範囲給の上限を超えるような場合、昇給が実施されないこともある。

出所) 労働政策研究・研修機構（2022）。

点に、メディア事業やゲーム事業などの事業にも参入している。B 社は社員発の新規事業開発に積極的に取り組んでいる[12]。その際、本社の事業部門から独立した子会社を設立している点に特徴がある。その結果、若手の社員でも子会社のトップや役員に抜擢されている。20 代や 30 代前半の社長が B 社では日常的に生まれている。

　第 3-4-2 表は、B 社の等級制度と賃金制度の特徴を示したものである。表に示している通り、プレーヤーコース、エンジニアコース、管理職コースで構成されている[13]。B 社の特徴は、プレーヤーコースとエンジニアコースの上に管理職コースが置かれているという構造にはなっていないことである。管理職コースとは将来組織のマネジメントを担う役職に就くようなコースという意味であり、そのため、管理職コースの 1 級や 2 級は一般社員層となる。その他のプレーヤーコースとエンジニアコースは、それぞれ専門性を活

12　例えば、役員も参加する部署横断的に開催される会議がある。この会議では新規事業計画以外にも、コストダウン案、人事制度などの企画が出され、毎回 20 から 30 ほどの案がその場で決議される。また、この他にも若手社員を対象とした新規事業企画会議もある。
13　呼称は筆者が便宜的につけたもので、B 社の正式な呼称とは異なる。

かして活躍してもらう人材の等級という位置づけとなっている[14]。

　それぞれのコースの等級数は、管理職コースは12等級、プレーヤーコースは7等級、エンジニアコースは15等級で構成されている。人事の中では管理する部下数やチームのメンバー数と対応する等級について、おおよその目安を持っているものの、等級と役職は一対一の関係にはなっていない。社員がどのコースに該当するかについては、本人の希望や事業部門の意向にもとづいて決定される。コースの変更も実施されており、一度コースが決まればそのコースで固定されるわけではない。本人の適性やその時々の組織上の役割に応じて柔軟に変更できるようになっている。

　このような等級構造となっているB社であるが、その特徴として、運用は事業部門に任されていることを挙げることができる。例えば、事業部門によってはプレーヤーコースを利用していない場合もある。このように、社員等級の運用は、事業部門に一定の裁量が認められている。

　加えて、等級の序列と賃金水準は厳密には対応していない。賃金は、採用時の賃金に本人の等級、年齢、経験などを考慮して決定される。そのため、下位の等級の社員が上位の等級の社員の賃金を上回っていることもある。また、社員の昇給額は事業部門内で評価結果や現在の賃金水準などを総合的に考慮して決められている。目安として設定されている評価に対応する昇給額を基本に、事業部門が様々な要素を考慮しながら、与えられた人件費のなかで各社員の昇給額が決められている。なお、調査時点においてはエンジニアコースにのみ範囲給が導入されており、各等級で上限と下限が設定されていた。この場合、賃金が等級の上限を超えるような場合、昇給が実施されないこともある。

(2) 事業展開と人材確保の特徴

　先に確認した通りB社は、既存の部署内での新規事業ではなく、新規の会社の起業により力を入れている。理由としては、まず、既存の事業部門の組織業績管理の指標とは別に、子会社の目指す事業規模に沿った業績管理や

14　例えば、プレーヤーコースには営業やクリエーターといった仕事に携わる社員が属している。

事業の進捗管理が可能となる。また、会社を立ち上げることで、ゼロから人材を集めることが可能となり、既存の事業部門のしがらみにとらわれずに、部署横断的な人材の活用が進む。さらに、起業というステップを経ることで、従業員の挑戦心や独立志向を高めるというモチベーション管理にもつながり、結果的に事業の競争力の向上に寄与している部分がある。

　一方、事業を立ち上げた企業の側からみると、新規企業でありながら、B社という人気メガベンチャーの厳しい採用選抜を越えた人材を出向という形で活用できるので、その他多くの知名度のない独立起業の中小ベンチャー企業が抱える人材確保や定着の問題を解決できているといえよう。もちろん、関連企業間での人材の獲得競争が行われるが、その他の多くの中小ベンチャー企業が直面するような優秀人材の不足感を回避できている点は、事業立ち上げを成功させる1つの要因になっている。例えば、子会社 Ba 社の X 氏は、B 社の新卒市場における高いブランド力が有利であったと発言している。他社と比較しても B 社は優秀な若手人材を獲得できており、20 代から多くの成長機会に恵まれているからである。

(3)　動機づけの特徴

　B 社では、子会社の社長や役員となり、新規事業の立ち上げや成長を担うことになった人材に対しても B 社の等級制度と昇給のルールが適用される。子会社の社長となった場合も、通常は、その時点での社員等級が維持される。ストックオプションなどの特別なインセンティブは、基本的には用意されていない。人事担当者へのヒアリングによれば、B 社では、仕事の達成感や挑戦機会の提供なども重視している面がある。

　人事方針として挑戦機会が重視されるなかで、社員も次の限られた成長機会となるような仕事を任されるように、社内で自分の現在の仕事が評価されることに高い関心を持っているという。Bb 社の社長 Y 氏は、従業員も社内で評価されることに高い関心があることを指摘する。こうした成長機会の獲得に対する社員の高い関心は、新規会社を次々と立ち上げ、事業を展開していくことに寄与していると考えられる。

　ところで、一般的に新規事業の立ち上げはすべて成功するわけではなく、

企業全体としては、多くの新規事業が生まれ、そのなかで成功が生まれればよい。ただし、従業員個人からみれば、事業の失敗は、次の挑戦機会が閉ざされると感じられるかもしれない。そうであれば、挑戦に慎重になる可能性もある。この点についてB社では、起業して進めた事業が失敗に終わっても再挑戦の機会が失われず、雇用は維持されるという人事方針である。それゆえに、従業員は安心して挑戦しつづける環境にあるといえよう。

具体的には出向者も子会社プロパーも、本社で吸収する。一方、この前提があるため、子会社の正社員の人事権は本社が握っており、本社と子会社を含めて正社員については、本社が一括して管理している。そのため、非正社員は、子会社の権限で補充できるが、正社員の採用については本社の承認を必要としている。

なお、かつて採用は子会社に任せていたが、事業から撤退後に子会社のプロパー社員を本社で吸収した際に、社員の中にはB社の社風に馴染めない者もいたという。そのため、子会社の正社員については、一部の子会社を除いて本社採用の社員を出向させることとしている。

ただし、失敗を恐れずに挑戦をつづけさせる仕組みは、事業に成功した場合、成功報酬を限定せざるを得ないという条件を生む。つまり、失敗の報酬低下と成功の報酬上昇は、企業の予算上の制約を考えるとトレードオフの関係になっている。それゆえ、ある程度軌道に乗った会社のさらなる事業拡大に対する中長期的なインセンティブの付与や社内でのキャリア展望については、人事管理上の課題となるといえよう。子会社の社長は、事業の社会的意義や社会人経験といったかたちで仕事の意味づけを自ら行いながら、会社の成長に取り組んでいる。この点について本社の人事部は、本社の事業部長ポストへの異動を通じて子会社の社長や役員に対して新たな仕事経験の機会を与えることで、彼らのやりがいや成長感を維持することに努めている。とはいえ、組織の構成上、本社のポストは限られており、毎年生まれる新規の会社の役員達に対するインセンティブとしては十分ではない面が窺える。

以上をまとめると、B社では、挑戦を増やしてもらうためにも雇用の安定を保障し、失敗しても再び挑戦できる環境が整えられている。処遇は、等級、年齢、経験を踏まえつつ、人事評価によって決定されている。そして、

こうした処遇制度が子会社の社長に抜擢された社員にも適用されている。確かに現状の人事管理は、事業創出のフェーズにおいては有効に機能している。しかしながら、事業が軌道に乗り成長した後のインセンティブの設計において課題を抱えている部分がある。新規事業の立ち上げ時の報酬管理やキャリア管理と成功後の報酬管理やキャリア管理の双方をカバーする人事管理については、B 社においても模索中であると解釈できる。

４　C 社

(1)　人事制度の特徴

C 社は、インターネット関連サービスを中心に展開する日本の大規模ベンチャー企業であり、創業より急速な事業拡大を続けてきた。IT 産業では、新しい技術やサービスが次々に現われ、なおかつ規模の経済が強く働くので、事業買収や統合などを含めた素早い事業拡大が求められる。現在は、従業員は 2 万人強、売り上げ収益が 1 兆 5 千億円規模の大企業である。

C 社の資格制度は、能力主義にもとづいて、具体的にはコンピテンシーに基づいて設計されている。第 3-4-2 図に示した資格は、グローバルに統一されたものであり、それぞれの格付けは、C 社独自に定義されたコンピテンシーと期待役割によって行われ、この資格を基準に賃金が決定する。

C 社のコンピテンシーは、C 社が考える 5 つの成功のコンセプトに紐づいており、チャレンジ促進、革新、協働、スピーディーな判断などの期待される行動が示されている。さらに人事担当者の以下のような発言によれば、C

第 3-4-2 図　C 社の資格制度

S	ジェネラリスト	スペシャリスト
AAA		
AA		
A		
BBB		
BB		
B		

出所）労働政策研究・研修機構（2022）。

第 3-4-3 図　C 社の資格と役職の関係

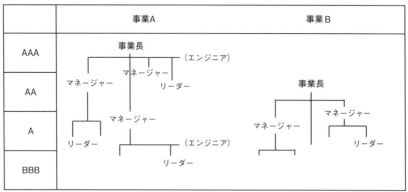

出所）労働政策研究・研修機構（2022）。

社では資格と役職が 1 対 1 の対応関係にはなっておらず、第 3-4-3 図に示されたように、資格（賃金）が高くても役職が低くなる場合もある。この分離は、人事部によって意図的に運営されている。

「資格が高ければ、報酬も高くなります。ただ、資格が高いからといって、役職も総じて高いかと言うと、その傾向はありますけども、ここ分離しております。報酬は高いけど職位はありませんとか、報酬は高いけどチームリーダーやっていますという対応ができる仕組みを意図的にしています」。

　また、期待役割については、具体的なタスクや行動というよりも抽象度が高いリーダーやマネージャーへの役割期待が示されている。例えば、リーダー層にはチームの目標設定と遂行、マネージャー層には戦略立案と事業の運営管理までの期待が多い。
　以上をまとめると、C 社では、具体的なタスクを明確に決めるよりも、コンピテンシーや期待役割という能力と目標の関係を重視し、資格制度を個々の具体的なタスクや職務（ジョブ）から切り離しているといえよう。
　その一方では C 社は、評価・選抜としては、他社と比較しても厳しいこ

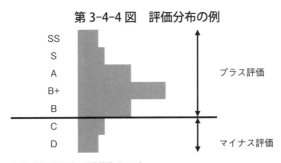

第 3-4-4 図　評価分布の例

出所）労働政策研究・研修機構（2022）。

とが確認される。Ｃ社の人事評価は、資格制度を基礎にしたコンピテンシー評価と成果評価で行なわれている。前者は月給、後者は賞与に反映されている。能力が評価されるコンピテンシー評価では、最初は絶対的基準で評価されるが、報酬決定の際には相対化される。一方、業績が基準となる成果評価では、最初から相対的基準で評価される。

　Ｃ社における相対評価は厳密で、単に評価分布を割り当てるだけでなく、第 3-4-4 図に示したようにコンピテンシー評価の相対評価は、プラス評価とマイナス評価の区分が設けられている。つまり、プラス評価の中での分布ではなく、Ｃ、Ｄ評価では昇給率もマイナスになるのである。加えてＣ社では、厳密に降格制度を運用している。人事担当者によれば、降格は一定件数発生している。

(2)　新規事業開発への取り組みと人材調達方針

　Ｃ社では社内カンパニー制が採られている[15]。大きく分けると、フィンテック、インターネット、モバイルの３つのセグメントになる。インターネットのセグメントの中にはインベストメントとインキュベーションの部門があり、投資案やアイディアを集めるという２つの機能を結合している。インターネット事業全般に関わる投資と新規事業に関わる部署なので、カンパニーを越えた活動になる。カンパニーを越えた事業が生まれることが想定さ

15　カンパニー制とは、事業部に利益責任を持たせて事業運営の自立性や独立性を高め、あたかも１つの独立した会社のように位置づけた組織形態のことである（安藤他 2019）。

れており、新規事業の人事担当者も次の様に発言している。

　「カンパニーは確かにそうなっているんですけれども、我々が関わっている新規サービスはグループ横断的に関わる可能性はあると思っています」。

　インターネット産業は、ボトムアップであっても新しいアイディアが生まれる。社内でアイディアが生まれることもあるし、社外の新規事業を買収することもある。この部門は、インキュベーションの場となっている。事業が立ち上がれば、それぞれのカンパニーへ人材ごと移行する。アイディアを出して思い入れがある人も一緒にカンパニーへ事業とともに異動する。もちろん、かならず新規事業のトップになるわけではないが、事業とのかかわりを続けていく。新規事業の人事担当者は次のように言う。

　「インキュベーション事業はあくまで立ち上げるのがミッションなので、立ち上がった後は、大きくなったら、我々は卒業という言い方をするんですけれども、適したカンパニーに巣立っていく形をイメージしています」。

　さて、本項(1)の人事制度の箇所で確認したとおり、役職と資格の対応関係を緩めるのは、事業に合わせて人材をできるだけ早く配置することを目的としているからである。まず、人材を配置するのに中途採用ではどうしても遅くなる[16]。そして、社内異動を速やかに柔軟に行うためにも、役職を資格＝処遇と切り離しておかないと、人事担当、本人、所属部門の上司の間での調整に時間を要してしまう。新規事業の人事担当者も、「実際事業を立ち上げるとなると、メンバーが必要ですから、事業長からメンバーからかき集めなければいけないみたいな形になりますね。そこが大変なのは変わらないです」と発言している。
　その一方で人事上の課題も存在する。人事担当者が、第1にあげる課題は

---

[16]　この点にかかわり、例えば次のような発言がある。「我々の中では、スピード感を一番気にして、課題として思っている部分です。そういう意味でも、社内異動で補充できるのであれば、外部から採るより早いという意味でも、社内から補充できないかという相談は多いです」。

採用行動での困難である。資格と役職（ジョブ）をつなげれば、採用市場ではジョブを提示して選抜をすればよい。しかし、企業内で定義されたコンピテンシーや期待役割を市場で提示することは難しい。人事担当者は、採用活動の難しさを以下のように説明する。

「コンピテンシーという能力ベースで職位、最近で言うとジョブとひも付かない資格制度を採っておりますので、レンジでマーケットと合わせるのがとても難しいんですよね。能力のマーケットなんてないので」。

特に C 社では、海外拠点での採用も多い。他社と採用競争をする場合、また転職市場で企業側から仕事内容やキャリアパスを説明する場合も、自社独自のコンピテンシーの定義は説明が難しいという課題がある。そのため、コンピテンシーも社内の独自定義というよりも、一般的な役職との対応関係を強めて、市場での定義や市場価格との対応関係をつくるという方針を考えている。この方針は、先述した人事制度とは矛盾するので、どの程度の改訂にするのかが難しい判断となっているといえよう。

　ただし、上記の人事施策の転換は、部分的なものに止まると考えられる。なぜなら、中途採用担当者へのヒアリングによれば、C 社は、新卒採用を増やしている。数年前は採用人数の 7 割が中途採用であったが、現在は 5 割になっている。また中途採用者のボリュームゾーンは 20 代後半から 30 代であり、管理職として採用という事例は少なく、採用後、様子をみて管理職に昇進することが多い。管理職採用が少ない理由としては、組織文化の違いがあって他社で実績がある人でも、C 社の組織文化との相性の問題があると考えられているからである。

⑶　動機づけの特徴

　失敗する可能性も高い新規事業に挑戦しやすい仕組みとして人事担当者や新規事業の人事担当者があげたのが、「新規サービスを立ち上げるという行動を推奨している組織風土」であり、一回の失敗をマイナスに評価しない組織風土である。人事担当者は、以下のように発言している。

「トライしてみてやっぱり駄目だったら、経験としていい経験しましたね と。で、失敗って毎回100%全てのビジネスが成功するわけではないの で、ミスや失敗って別にあるよね、みたいな。こういうカルチャーみたい なものもわりと広くありますので、失敗したからといって人事上減点がつ くわけではないです」。

「よくある日本の大企業みたいに、1個ちょっと事業して失敗してしまっ たら、その後、何かもうプロモーションする機会ない、何か人事によって バツがついてしまって、その後、出世街道に乗れない、そういったことは 多分全くないと思います」。

このような方針の下、本項(1)の人事制度の箇所で確認した通り、抽象的な 行動と期待される役割だけを定義して厳しく評価している。また、役職と資 格の関係も緩やかに対応させる方が、新しい仕事に対して動機づけることが 容易であると考えられ、人事制度が設計されている。しかしその一方で、人 材の採用に関しては、社内独自の能力や役割の定義では、転職市場において 仕事やキャリアパスを説明することが難しく、人材獲得競争において不利で あることが確認された。現時点では、新しい仕事への動機づけの優位性が重 視されている。

5 D社

(1) 人事制度の特徴

D社は2010年代に創業した従業員規模2,000人弱（グループ計）の企業 である。D社は対象事例の中でも最も創業の新しい企業となっている。D社 は、新たな事業やサービスの開発に積極的に取り組んでいる。創業時は、 Web上でのマーケットプレイスの運営を中心に事業を展開し、その後、決 済サービスなど複数の事業を展開している。近年は、ネットショップ開設プ ラットフォームの設計事業や暗号資産事業にも進出している。

このようなD社の人事制度について確認しよう。まず、資格等級を確認 してみると、8段階の等級で構成されており、それぞれの等級に期待される

第 3-4-5 図　等級制度の概要

貢献の期待値

等級	期待貢献のレベル感	
	マネジメント	個人
8等級	グループ経営者としてグループの大きな成果を創出	業界を牽引する存在としてグループに留まらない成果を創出
7等級	【略】	
6等級		
5等級	大規模・複数チーム・複数マネジャーのマネジメントを通じてカンパニーの成果を創出	カンパニー内の同一職種を代表する存在として事業カンパニーの成果を創出
4等級	チームのマネジメントを通じて部門の成果を創出	チーム・プロジェクトを代表する存在として関係者を牽引し、部門に大きな影響を与えるような成果を創出
3等級	【略】	
2等級	担当領域の専門家として自立・計画的に業務を遂行し成果を創出	
1等級	【略】	

大

小

注）定義の中の組織の呼称は、実際の D 社で用いられている組織の呼称とは異なる箇所もある。
出所）労働政策研究・研修機構（2022）。

貢献のレベルが設定されている（第 3-4-5 図）。組織において期待される貢献にもとづいた等級となっている。各等級で定義されている貢献を果たすことが可能なレベルに達しているかどうかが格付けの基準となっており、具体的な職務やポストと等級が明確に対応しているわけではない。図の定義からもわかる通り、社内の職種ごとに細かな定義があるわけではなく、職種横断的に期待される貢献度のレベル感が設定されている。また、期待される貢献は、組織をマネジメントする視点と組織のなかでの個人の貢献の視点で設定されており、組織ライン上の管理職でなくても、昇級可能な制度となっている。

　それぞれの等級ごとに期待されるレベル感は、「発揮が期待される行動」として、さらに細かな要素ごとに求められる行動が設定されている。「チャレンジ」「ありたい姿」「優先度・方向性の理解と推進」「チームワーク」「オーナーシップ」「専門性の発揮・向上」の要素で構成されている。例えば、3 等級であれば第 3-4-3 表のような具合で設定されている。

　各項目の内容からわかる通り、職務に求められる専門的な能力というよりは、個人に期待される行動内容が書かれている。書かれている内容は等級ご

第 3-4-3 表 「発揮が期待される行動」の定義（一部）

	発揮が期待される行動					
	「チャレンジ」	「ありたい姿」	「優先度・方向性の理解と推進」	「チームワーク」	「オーナーシップ」	「専門性の発揮・向上」
3等級	・チーム目標達成に向けた課題解決のために、リスクを恐れず果敢にチャレンジしている。 ・失敗を分析し、次のチャレンジ発想の糧にしている。また、その経験を周囲に共有している。	・目先の成果にとらわれず、担当領域における自分なりのありたい姿を周囲に示している。 ・チームやプロジェクト内で理解を得られる適切な折衝をしている。	・上位戦略を基にチームにとって優先度の高い課題を見極め、それに応じた行動をしている。	・自分の役割・責任範囲にかかわらず、チーム全体に当事者意識を持ち、優先度が高いことに対して関係者を巻き込み協力・貢献している。 ・文化・価値観の異なるメンバーともオープンで建設的な議論を通して信頼を築いている。	・業務計画を立案、遂行している。 ・チーム戦略遂行のためにベストを尽くし、障害に対しても粘り強く対処し完遂している。	・高度な専門知識・スキルを保有して業務に活用している。 ・新しい分野であっても、自ら新たな知識・スキルを学びレベルアップしている。

注）「チャレンジ」「ありたい姿」などの各項目の名称は実際の制度の内容と違いが生じない範囲で一部修正している箇所もある。
出所）労働政策研究・研修機構（2022）。

とに異なるものの、このような書きぶりは各等級で共通している。例えば、1つ上の4等級になると、「チーム目標」が「部門目標」になるといった変更はあるものの、期待される行動を示している点は共通している。

　以上のような構造のもとで、等級の変更はどのような手順で実施されているのであろうか。D社では人事考課結果の累積で自動的に昇級や降級を実施するような運用とはなっていない。人事考課結果を考慮しつつ、考課者やその上司や人事で構成される会議体で社員の評価や等級の昇降級などが決定される。この会議体は、社員の目標設定の妥当性、人事考課結果の妥当性、今後のキャリア開発なども含めてディスカッションされる場となっている。

　等級の昇降級は、社員の仕事ぶりと等級定義を照らし合わせて実施される。会議において社員の働きぶりを振り返るなかで、1つ上の等級定義にみあうような行動を再現性高くとっていると判断されれば、昇級が行われる。より具体的には、1つの上の等級でも標準を上回るような評価を得ることが可能そうであれば昇級の対象となるという。一方で、低い評価を数回に渡り受け続けた場合、当該等級の求める行動と実際の行動にズレが生じているという判断から降級が実施されることもある。もっとも、低い評価が続くよう

な場合、配置転換を行う、上司と相談したうえで改善プログラムを策定するなどの方法で、パフォーマンスを上げるための取り組みが実施される。等級を上下するような運用は基本的には実施していない。

　以上をまとめると、まず、格付けされる基準は、発揮が期待される行動のレベルである。D 社が期待する行動を将来にわたって取り続けることができるかどうかが、格付けを決定する重要な基準となっている。その意味で、現在の組織ライン上のポストと格付けされる等級が一対一の関係で設定されているような制度とはなっていない。次に、評価結果にもとづいて等級の変更が自動的に行われているわけではない。評価結果を参考にしつつ、社内の関係当事者の合議制のもとで、格付けされる等級が決められている。

(2)　新規事業開発への取り組みと人材調達方法

　上述の通り事業を拡大している D 社では、基本的には本体で生まれたアイディアをもとに、新たな事業を展開してきた。必要であれば、グループ会社を設立するなどしている。2021 年に入り、新規事業開発を専門に担う Da 社を設立し、1 つの事業の展開を進めている。

　新たな事業のアイディアは、現状では D 社の経営陣や各事業運営を任されているカンパニーの経営陣が中心となり、D 社の事業の次の柱を日々考えていくなかで生まれることが多いという。会社の中から新たなベンチャー企業が立ち上がり、事業を拡大していくという形になっている。

　このような D 社では新規の事業を進めていく際には、プロジェクトチームを作り、各部門から必要な人材をプロジェクトチームに呼んで、事業開発を進めていく。その際、プロジェクトチームに集められるメンバーは、兼任も少なくないという。何か既存の事業を担当しながら、新たな事業開発に向けても取り組んでいる。その後に、新規事業として展開することが決まれば兼任を解き、新規事業の専任となる。アイディアが生まれてから具体化までのスピードを重視し、このような方法がとられている。

　先に確認した職務ではなく行動をベースとした等級制度は、新規事業開発のためのプロジェクトチームの編成を円滑に行うことを可能としている面がある。プロジェクトチームのメンバーの入れ替えなど、社内の多様な人材を

その時々の要請に応じて組み合わせることを円滑に進めるうえで、職務内容の変更が即座に等級の変更に繋がるような制度はその障害となる。また、「発揮が期待される行動」にもとづいた等級制度にすることで、現在の等級秩序を維持したうえで、入社年次や年齢にとらわれないチーム編成が可能となる。社員の抜擢を行ううえで、社員の行動を基準に中長期的なスパンで格付け先を決めるような等級制度は馴染むようである。

(3) 動機づけの特徴

　では、上記のような等級制度とその運用のもとで、社員に新規事業開発などの失敗のリスクが高い業務を行わせるために、いかなる工夫が実施されているのか。チーム編成が上手くいったとしても、そのなかで社員がリスク回避的な行動をとるようであれば継続的な事業開発は難しいと考えられる。この点にかかわり、D社では社員が出したアウトプットよりも社員がとった行動を重視した評価制度を導入している。

　第3-4-6図で示されている通り、成果評価と行動評価を組み合わせて総合評価が決まる。成果評価は、社員が出した成果が現在格付けされている等級で求められているレベルに達しているかどうかで決められる。行動評価は先に示した「発揮が期待される行動」にもとづき、当人が期中にどのような行動を行ったかで決定される。その際、行動評価の結果が優先されるような仕組みとなっている。評価は5段階となっており、最も高い評価が「5」となり、「3」が標準となる。マトリックスの関係をみると、行動評価が「5」で

第3-4-6図　評価のマトリックス

		成果評価				
		1	2	3	4	5
行動評価	1	1	1	1	1	1
	2	2	2	2	2	2
	3	2	3	3	3	4
	4	2	3	4	4	4
	5	2	3	4	5	5

出所）労働政策研究・研修機構（2022）。

成果評価が「4」の場合は総合評価が「5」になる一方で、成果評価が「5」であっても、行動評価が「4」であれば総合評価は「4」となる。また、行動評価が「2」であれば、成果評価にかかわらず、総合評価は「2」となる。このように、行動評価が重視される制度となっている。

　会社としてもリスクを恐れずに挑戦をすることを求めており、その方針に沿った形で評価制度が設計されている。人事担当者も語っている通り、個人の行動が評価制度で全て規定されるわけではないものの、社員のチャレンジを促すうえで現行の制度が一定程度寄与している。

「大胆なチャレンジはプロセスとして推奨しています。ここは、少しこういう評価制度が全てではないとは思うのですけど、それは組織風土という観点もあるとは思いますけれども、こういうのが（評価のルールが・・・筆者）あるので、比較的、何て言うのでしょう、大胆に、仮に成果とか新しい新規事業で最終的にクローズしなきゃいけないタイミングだったとしても、やっぱりチャレンジすることに屈せずに、そっちに行きたいという人が多くなっている 1 つの要因なのかなと個人的には思っております」。

　また、成果はその時々の環境や運にも左右されるものである一方で、成果を出そうとしてとった行動は、環境に左右されず再現性の高いものといえる。再現性が高い可能性を有した社員を高く評価する、すなわち、将来において新たな事業を生み出すことに成功する可能性が高い人物（ポテンシャルの高い人材）を高く評価していこうとしていることが、ここから読み取れる。

「最終的に今までもここのプロセスを意識して、本当にオーナーシップを持って行動してきた人が、今回は、結果は運とかもありついてこなかったかもしれないですけど、この人は能力というか、新しいプロジェクトとかで成功させる再現性が高まっていくんじゃないかという考え方は持っていますので、比較的、能力、バリューというところに重きを置いていると思いますし、そっち（成果・・・筆者）を評価をよりするというか、（行動

を重視する・・・筆者）ように振り切っております」。

　さて、この評価結果は基本給の昇給に反映される。D社では各等級で設定されている範囲給のなかでの賃金水準の高低に応じて、同じ評価であっても昇給額が異なる制度となっている。範囲給の下限に近ければ昇給額は大きくなり、上限に近ければ小さくなるような制度となっている。D社の評価制度で見逃せない点として、総合評価が「1」以外は、降給が発生しない仕組みとなっていることが挙げられる。

　D社は厳格な分布規制を行っておらず、基本的には絶対評価で運用している。「3」が標準評価なので、「2」も標準未満の評価になるのであるが、「2」であっても降給は発生しない仕組みとなっている。これは、上司が評価を行う際に「2」をつけることを躊躇わないようにするための工夫であるという。

　処遇に反映されるとなると、上司は厳しい評価をつけることを避けがちになる。その結果、会社の社員に対する本当の認識と社員の認識にズレが生じることになる。D社ではこの認識のズレで生じる人材活用上のリスクを重視しており、処遇に反映させない代わりに、本人の現状を明確に伝えやすい環境を作ろうとしている。社員に会社の求めるような態度、つまり、挑戦を恐れないような態度を求めても、その言葉は抽象的であり、個人に解釈の幅を与えるものである。それゆえ、社員個人の認識に間違いが生じることを避ける必要がある。そのために、D社では評価結果と処遇の関係を工夫することで、社員の現状を明確に伝えることが可能な環境の構築に取り組んでいる。

　以上、アウトプットよりも社員の行動を重視した評価制度が構築されている。もっとも、人事管理上の課題も抱えている。失敗のリスクを恐れない行動を促すことに寄与している一方で、優秀な社員が新規の事業に行きがちで、既存の事業に優秀な人材が集まらないという課題が生じ始めているという。失敗のリスクを恐れずに挑戦的な行動をとるための制度が、既存事業の漸進的な発展を十分にサポートしきれていない面が出てきている。成熟企業の場合、新規の事業が生まれないという課題を抱えつつ、既存事業と新規事業の双方を発展させるような人事管理の構築に課題を抱えていることが多いと思われる。そうした成熟企業とは異なる背景ではあるものの、D社におい

ても、新規事業と既存事業の双方を発展させていけるような人事管理の構築に課題を抱えている部分があるといえる。

⑷　新卒採用市場への参入

　以上、D社で実践されている人事管理の特徴について確認してきた。最後に、全社的な人材調達の方法について簡単に触れておきたい。創業から時間がたっていないこともあり、中途採用者数の方が多くなっている。社内の人員構成は、中途採用者が9割に上り、新卒は1割程度となっている。もっとも、人事の方針としては新卒採用を増やしていきたいと考えている。人事担当者は次のように語る。

　「増やしたいなという思いは、今、結構出てきております。やっぱり中途もやっぱり飽和してきてしまって、本当に優秀な人たちというのはやっぱり新卒ですばらしい会社に入られていたりすることがあるので、ここにはアプローチをしたいなとは思っていますので、新卒の割合は増やしていきたいなと思っています」。

　日本では高いポテンシャルを有した人材は新卒採用市場に集まる傾向があるので、D社としてもそこにタッチしていきたいと考えているという。このように、即戦力を中途で補充していくような人事管理を目指しているわけではなく、高いポテンシャルを有した新人を確保し、社内で育てていく仕組みを整えていこうとしている。

第5節　考察：原則を変えずに、運用を変える

１　事例企業における人事管理の特徴

　以上4つの事例を確認してきた。各企業において得られている情報には濃淡はあるものの、4つの事例において実践されていた人事管理の特徴から、次の点を指摘することができる。

　第1に、新卒重視、人材の内部調達、雇用保障といった「長期雇用型」の

特徴と思われるような人事管理が各事例において随所にみられた。新たな事業を生み出す行為は、内部の人材を中心に行われているようである。特に事業のアイディアを生む社員について、外部から積極的に調達しようとする動きはみられなかった。アイディアの創出から事業化までのフェーズにおいては、組織内部から人材を調達するという選択がとられることが多いようである。

　第2に、能力主義にもとづいた等級制度、つまり、職務とは切り離された等級制度を導入している。事例企業において職務等級に近い制度を導入しているところはなかった。メガベンチャー（B社、C社）や創立から間もない成長企業（D社）においても、職務にもとづいた等級は導入されていなかった。創業から成長を続ける企業においては、能力をベースとした等級制度が馴染むようである。いずれの企業であっても役職と等級は緩やかに対応しているものの、厳密には対応させていなかった。下位等級の者であってもプロジェクトの責任者として事業開発に取り組めるようになっている。例えば、情報通信A社、インターネットサービスB社では等級上のランクが管理職未満の若手が事業責任者に任命されていた。事業責任者として子会社のトップを任されることもあった。また、インターネットサービスC社では、等級上のランクと実際の役職は一致しておらず、下位等級の者でも事業開発の責任者を担当することが可能な体制が構築されていた。情報通信D社においても、等級上のランクと役職の関係が緩やかな等級制度のもとで、人材が活用されていた。

　このように、従業員の能力にもとづいた等級制度の設計は、社員のポテンシャルを考慮した抜擢の実施を容易にしている面がある。比較的設立の新しい情報通信業の企業においても、社員等級において能力がその設計基準になっていたことは見逃してはならないことだと思われる。

2 その理由

(1) セーフティネットとしての機能の重要性

　なぜ、上記のような人事管理のもとで人材を活用しようとしているのか。成長のためには新たな事業を開発していく必要がある。しかし、そのような

挑戦は失敗のリスクと隣り合わせである。Ａ社の「千三つ」といった表現に端的に表れているように、失敗のリスクを恐れずに挑戦する行動が求められる。事業開発のプロジェクトを任された責任者がこうした行動をとることを促すために、いかなる処遇制度が適しているのか。事例企業からわかることは、失敗した際に処遇の安定を担保することで、社員から挑戦的な行動を引き出そうとしていたことである。各事例とも、成果に対する成功報酬によってそうした行動を引き出そうとはしていなかった。程度の差はあるものの、事例企業では人事評価において、社員がとった行動を重視している。

　このように、能力開発といった面や遅い選抜を通じた人材間の競争による動機づけといったこれまで日本の人事管理の特徴として指摘されてきたものとは異なる機能が期待されている。制度の外観をみると大きな違いがみえにくいが、期待されている機能として、処遇の安定性、すなわち、能力主義にもとづく人事諸制度が有するセーフティネットとしての側面が重視されている傾向がみられた。

　能力主義が有する労働需要側の繁栄（企業の競争力）に寄与する機能については、既存研究においても指摘されてきたことである。その際には、賃金決定における能力査定や遅い選抜など、社員間の処遇の向上を巡る競争の存在が指摘されてきた（例えば石田 1990; 熊沢 1997）。つまり、社員間の競争関係を中長期的に持続させることが、労働需要側の繁栄に寄与するものとみなされてきた。と同時に、定期昇給制度のもとでの年功賃金カーブの形成など、能力主義の人事諸制度は、社員の処遇を安定的に上昇させる機能も有している[17]。その際、従来の能力主義の人事諸制度の持つ安定性は、社員の生活面の向上、すなわち、労働供給側の生活の豊かさに寄与するものとして捉えられてきたと思われる。

　この点にかかわり、事例企業にもとづくと、競争以外の要素、具体的には処遇の安定性が、企業の競争力の向上、すなわち、労働需要側の競争力（企業の繁栄）に寄与するものとしても捉えられていた。

17　定期昇給制度と年功賃金カーブの関係については仁田（2003）を参照。また、久本（2008）は日本の雇用システムの諸特徴として「長期安定雇用」や「年功主義」を挙げている。その際、「年功主義」の制度的根拠として定期昇給制度を挙げている。

また、能力開発のインセンティブを設けることを通じて、技能の幅を広げることによって不確実性への対応力を向上させようとする「熟練論」で指摘されてきたような機能というよりは、大きな不確実性に対して対応することができるポテンシャルを有する人材が、自由に行動できるような環境形成の一環として活用されている。

　このように、従来指摘されてきた機能とは異なる機能の発揮が期待されている。制度の持つ柔軟性が、制度の原則は維持しつつ、運用を変化させるという選択を当事者に取らせているといえよう。こうした制度の持つ柔軟性は、既存の「長期雇用型」の人事管理が維持される要因の1つになっていると考えられる。

(2)　既存事業と新規事業の両立

　加えて唯一通信設備を保有するA社の知見にもとづくと、能力主義的な人事管理の持つ機能として次の点を指摘することができる。すなわち、両極端の特徴を有する事業の双方をカバーする機能を有していることである。こうした制度が有する柔軟性の持つ優位性は、生産設備を有しながら新たな事業への進出に取り組む製造企業にも当てはまることかもしれない。いずれにせよ、既存事業のオペレーションを担う現業と新規事業開発を担うファウンダーの双方に対して、適した制度となっていると考えられる。両極に位置づけられると考えられる役割の双方をカバーできるという性質を考えると、能力主義を改良しながら自社の人事制度を構築していくという選択は、企業にとって一定の合理性があると考えられる。二兎を追える以上、それを超える経済的なメリットがない限り、制度の基本原則は維持されていくのではないだろうか。

3　内部の人材プールからの人材確保が中心となる積極的な理由と制約

(1)　積極的な理由

　各事例において組織内部の人材プールから事業を創出する人材や事業化に向けて必要な人材を確保しようとしている。つまり、アイディアを出し、事業化を進めるといったゼロからイチを生み出すような事業開発において中核

的な役割を担う人材を外から直接確保しようとする動きは、事例企業ではみられなかった。この点は、第2章において外部から調達された「流動人材」が新規事業を進めるうえでのサポート役として位置づけられていたこととも整合的であるといえる。本章で取り上げた事例企業の経験にもとづくと、中途採用を活用しづらい背景としては、次の3点が挙げられる。

第1に、事業開発のスピードに対応できないことが、組織内部の人材プールからの人材確保を促している。中途採用を実施する場合、採用選考から採用決定まで数ヶ月を要する。プロジェクトの初期段階は、目指す方向性やそのために必要な業務内容が、短期間で目まぐるしく変化している。そのためにはリアルタイムで日々柔軟に個人の業務内容を変更したり、必要な人材をタイムリーに確保していく必要がある。こうしたスピード感に対して、中途採用は対応することが難しい。そのため、内部の人材プールから必要な人材を確保することが選択される傾向があるのではないだろうか。

第2に、外部労働市場の基準はあくまで職種であり、ポテンシャルを判断することができないからである。新規事業開発とは、未来の市場を取りに行く行為である。未来の市場を取りに行くことができる可能性の高い、つまり、ポテンシャルの高い人材を確保し、活用していくことが重要になる。こうしたポテンシャル重視の人材活用は、中途採用者の活用を難しくしている面があると考えられる。中途採用の際にわかることは、職種にかかわる過去に残した実績であって、将来の可能性を判断するための情報が希薄となる。本章の事例においても企業は独自の評価基準を設けて、従業員のポテンシャルを判断する際の基準としていた。判断基準が社内で作られるため、その測定のためには一定期間社内で働いてもらう必要がある。そのため、新規の事業のアイディアを生み出す人材や生み出したアイディアの事業化を進めていく初期の中心メンバーは、外部からの調達よりも、内部の人材プールから調達することが選択されているのではないだろうか。

第3に、プロジェクト失敗後の人材活用が難しいことである。新規の事業開発は失敗のリスクも高い。そのため、失敗後のプロジェクトメンバーの活躍先を用意することも重要になる。また、実際にやってみると向いていなかったといった事後的にしかわからない面もあるため、向いていなければ別

の部署に異動させる必要が出てくる。その際の選択肢としては、企業内の他の既存事業への異動、もしくは、別の新規事業立ち上げのプロジェクトへの参加となる。その際、社内で一定期間働いた者の方が、当該企業の組織の風土も良く理解しているため、企業の既存事業でもハレーションをおこさずに溶け込める確率が、新規事業の立ち上げのために調達された中途人材よりも高くなる。また、他の新規のプロジェクトへの参加の際も、適切なプロジェクトをみつけるうえで必要な人材情報は、社歴が長い社員の方が豊富に蓄積されている。こうした失敗後の事後的な対応の容易さの面も、中途採用による外からの直接的な人材確保ではなく、内部の人材プールからの確保が選択される要因の1つとなっていると考えられる。

(2) 制約：新卒労働市場に集まる高ポテンシャル層

　　しかしながら、こうした人事管理が選択される1つの制約として新卒労働市場に優秀人材が集まっているという日本の労働市場の特徴が挙げられる。こうした特徴は、拡大する産業における人事管理の類似性をもたらしている要因の1つと考えられる。

　　このことは、かつて日本の製造ブルーカラーの人事管理が後発ゆえに時代への高い適応力をみせた一方で、欧米先進諸国がその適応に苦労したことと同じことが起きている可能性を示唆する。市場構造の特徴から選択肢が限られてしまっているからこそ、情報通信業におけるベンチャーが成長等と共に内部登用と能力主義の人事管理へと傾倒していく状況を生んでしまっているのかもしれない。

4 「長期雇用型」の人事管理の選択

　　しかしながら、内部の人材プールの活用や能力主義の人事管理は、一定の経済合理性を持つものとして企業当事者に受け入れられている点を見逃してはならない。新たな事業を生み出すというようなゼロから1を生み出す失敗のリスクの高い行動を社員から継続的に引き出すための制度として、一定の合理性が見出されているのであろう。非製造業のなかで日本経済やその雇用に小さくない影響を与える情報通信業においても、企業に成長をもたらすよ

うな業務の遂行は、内部の人材プールからの調達によって行われているようである。

　この点から、「雇用流動型」の人事管理のもとで日本経済を牽引できるような企業集団が、情報通信業から生まれつつあるという兆候は、現在の当該産業における成長企業の事例からはみられなかったというのが現時点での結論である。

参考文献

安藤史江・稲水伸行・西脇暢子・山岡徹（2019）『経営組織』中央経済社．
石田光男（1990）『賃金の社会科学——日本とイギリス』中央経済社．
石田光男（2003）『仕事の社会科学——労働研究のフロンティア』ミネルヴァ書房．
石田光男・上田眞士編著（2022）『パナソニックのグローバル経営——仕事と報酬のガバナンス』ミネルヴァ書房．
猪木武徳（2002）「ホワイトカラー・モデルの理論的含み——人・組織・環境の不確実性を中心に」小池和男・猪木武徳編著『ホワイトカラーの人材形成——日米英独の比較』東洋経済新報社所収．
熊沢誠（1997）『能力主義と企業社会』岩波新書．
小池和男・猪木武徳編著（2002）『ホワイトカラーの人材形成——日米英独の比較』東洋経済新報社．
高橋康二（2017）「総論——基礎的指標による日本的雇用システムの概観」労働政策研究・研修機構編『日本的雇用システムのゆくえ』労働政策研究・研修機構所収．
中村圭介（2005）「緩やかな業績管理と成果・業績重視——情報通信企業」中村圭介・石田光男編『ホワイトカラーの仕事と成果——人事管理のフロンティア』東洋経済新報社所収．
中村圭介・石田光男編（2005）『ホワイトカラーの仕事と成果——人事管理のフロンティア』東洋経済新報社．
中村圭介・平木真朗（1996）『JIL 資料シリーズ No.65　電気通信産業の労使関係——歴史と現状』日本労働研究機構．
仁田道夫（2003）『変化のなかの雇用システム』東京大学出版会．
久本憲夫（2008）「日本の雇用システムとは何か」仁田道夫・久本憲夫編『日本的雇用システム』ナカニシヤ出版所収．
藤本隆宏（2017）『現場から見上げる企業戦略論——デジタル時代にも日本に勝機はある』角川新書．
山本潔（2004）『日本の労働調査——1945～2000 年』東京大学出版会．
労働政策研究・研修機構（2022）『労働政策研究報告書 No.220「長期勤続システム」の可能性——中途採用と新規事業開発に着目して』労働政策研究・研修機構．
Cappelli, P. (1999) *The New Deal at Work: Managing the Market-Based Employment Relationship*, Harvard Business School Press（若山由美訳（2001）『雇用の未来』日本経済新聞出版社）．
Katz, H.C. (1997) *TELECOMMUNICATIONS : Restructuring Work and Employment Relations Worldwide*, Cornell University Press.
Katz, Harry.C and Darbishire, O. (2000) *Converging Divergences*, Ithaca, N.Y : ILR Press / Cornell University Press.
O'Reilly, C.A. and Tushman, M.L. (2016) *Lead and Disrupt: How to Solve the Innovator's Dilemma*, Stanford Business Books.（入山章栄監訳（2019）『両利きの経営——「二兎を追う」戦略が未来を切り拓く』東洋経済新報社）．
Piore, M.J. and Sabel, C.F. (1984) *The Second Industrial Divide: Possibilities for Prosperity*,

Basic Books（山之内靖・永易浩一・菅山あつみ訳（2016）『第二の産業分水嶺』ちくま学芸文庫）．

サービス産業化と雇用流動化
　　　　　　　――個人のキャリアに着目して

田上　晧大

第１節　はじめに

　第２章及び第３章の企業調査の分析結果から、第１に、中途採用の増加によって日本大企業の人事管理が「雇用流動型」へと転換しているわけではなく、「長期雇用型」と「雇用流動型」が併存している、第２に非製造業（情報通信業）においても重要な業務は内部調達人材が担う傾向があり、「長期雇用型」の人事管理の経済合理性が認識されている、という企業の雇用慣行の実態が明らかになった。第４章及び第５章の目的は、こうした企業の雇用慣行の実態にもとづく雇用社会の様相を、労働供給側である労働者の長期勤続と転職行動に注目して描き出すことである。言い換えれば、上記のような企業の雇用慣行のもとで労働者はいかなる経済生活を過ごしているのか、「雇用流動型」の人事管理によって労働者の経済生活は豊かになるのか、このような問いに答えるのが第４章及び第５章の目的である。そのために、まず本章（第４章）では、労働者個人のキャリアに着目しても、上記の第１の知見「雇用システムの併存関係」が観察されるのかを検討する。

　製造大企業を中心として長期雇用慣行は大きくは変化しておらず、また、1990年代以降非正規雇用の増加が目立つものの、正規雇用の世界が崩壊しているわけではないことがすでに指摘されている（神林 2017; 労働政策研究・研修機構編 2017）。これを踏まえれば、労働者個人のキャリアに注目した場合にも、長期勤続という日本的雇用慣行のもと典型的にみられるキャリアの形態それ自体は変化していないと考えられる。むしろ、労働者個人のキャリアにおいても、「長期雇用型」と「雇用流動型」の２つの類型が併存している可能性のほうが高い。そして、「長期雇用型キャリア」が大きくは変化していないということは、近年注目を集めている「雇用流動型キャリ

ア」は新しく誕生したものか、もしくは、元々存在していたが近年そのウェイトが増しているものと考えることができる。こうした視点に示唆を与えてくれるのが1970年代以降のサービス産業化による産業構造の変化である。つまり、異なるキャリア類型の併存関係は、産業構造の変化によってそのウェイトが変化したことによって生じている可能性がある。このような視点から、本章では労働者個人のキャリアの典型的な類型が産業間で異なっているかを検討する。

　ところで、労働者個人のキャリアという側面からみたとき、「長期雇用型」と「雇用流動型」は、雇用システムの理念型としてどのように理解できるのであろうか。「長期雇用型」のもとでは、労働者は一つの企業に長く勤め続けることになるため、長期勤続キャリアが典型的になる。反対に、「雇用流動型」のもとでは、転職する労働者が多くなり、また労働者の転職回数も多くなるため、労働者が一つの企業に勤める期間が短くなり、人生において複数の企業に勤めるキャリアが典型的になる。後者を仮に転職キャリアと呼ぶとすると、労働者個人のキャリアにおける「長期雇用型」と「雇用流動型」の併存関係は、長期勤続キャリアと転職キャリアの併存関係として現れると考えられる。

　しかし、労働者個人のキャリアの流動化を単に転職の増加として捉えるのは不十分である。日本的雇用慣行にもとづく長期勤続キャリアは「学卒後最初に就いた仕事（初職）を定年まで続ける」ということであり、初職を継続することによって結果的に長期勤続になるという側面が重要である。これを踏まえれば、労働者個人のキャリアの流動化は、単なる転職の増加ではなく初職離職の増加（初職継続の弱体化）としての側面が重要になる。また、労働者個人のキャリアはライフコースにおけるダイナミックな職業移動のプロセスであり、例えば若年期における転職と中高年期における転職は質的に異なる意味合いを持っている。したがって、労働者個人のキャリアという側面から「長期雇用型」と「雇用流動型」を比較する際に重要であるのが、ライフコースにおけるダイナミックな職業移動としてのキャリアという視点と、その出発点としての初職である。

　本章では、特に初職継続の弱体化に注目して、「長期雇用型キャリア」と

「雇用流動型キャリア」の 2 つの類型の併存関係について検討する。第 2 章及び第 3 章での議論では長期雇用慣行は大企業の特徴であるとされているが、それは個人のキャリアの視点からみても同様であると考えられる。したがって、労働者個人のキャリアに注目する本章及び次章（第 5 章）においても分析の対象は大企業に勤める労働者とする。

　本章及び第 5 章は、個々の労働者の経済生活の総体としての雇用社会の様相を描くにあたって、社会階層論の理論枠組みに強く依拠している。戦後日本の社会階層研究は「社会階層と社会移動全国調査」（以下 SSM 調査）プロジェクトを中心として発展してきた。SSM 調査は階層構造と階層移動という視点から日本における不平等構造を捉えるという目的で 1955 年から 10 年おきに実施されている。

　本章及び第 5 章の議論と強く関連しているのは特に 1975 年 SSM 調査の研究目的である。1975 年 SSM 調査の目的は、当時オイルショックを経た日本経済が持続的な景気停滞に陥っていたことをうけ、戦後「中進国」であった日本が高度経済成長を経て「先進国」に至るまでの 20 年間の社会階層と社会移動の趨勢を、「産業化（industrialization）」という社会変動を軸にして理解することであった（富永 1979）。言い換えれば、高度経済成長の源泉であった産業化が戦後日本社会の階層構造にどのような影響を与えたかという問いを 1975 年 SSM 調査は掲げていた。こうした背景には、1975 年当時日本経済が停滞していたということだけではなく、Treiman（1970）によって提出された「産業化とともに社会が平等化する」という産業化命題の検証が国際的にも注目されていたということもある。この産業化命題の検証や産業化に注目した趨勢分析は 1985 年及び 1995 年の SSM 調査にも引き継がれている（原 2000; 直井 1990）。

　しかし、2005 年以降の SSM 調査ではこうした産業化を軸とする議論が後退してしまった。2005 年 SSM 調査では、フリーターの出現（小杉 2003）や若年雇用の不安定化（玄田 2001）などバブル崩壊後の日本経済社会の諸問題を指摘した労働研究や労働経済学の影響をうけ、当時世論でも話題になっていた「格差社会論」や「流動化」というテーマを、階層論の枠組みから統一的に扱うことが目的とされた（佐藤 2009）。その結論として、二重労

働市場論に依拠する形で、内部労働市場における「安定化」と外部労働市場における「流動化」という2つの相反する趨勢が共存していることが示された（佐藤 2009）。しかし、そのような2つの趨勢がどのような社会変動によって導かれるのか、言い換えれば、近代社会における重要な社会変動である産業化が「安定化」と「流動化」という趨勢とどのように関連しているのか、については十分に議論されなかった。2015年SSM調査においては、少子高齢化という社会変動を軸に若年期・壮年期・老年期という個人の人生全般における階層化のメカニズムを検討することが主題になっている（白波瀬 2018）。2015年SSM調査は、確かに少子高齢化という社会変動を扱っているものの経済市場や労働市場のみを分析対象としているわけではなく、むしろ新機軸として少子高齢化という人口変動とそのライフコースへの影響に注目している（白波瀬 2018）。その意味では、経済市場や労働市場の変動を捉える視点が弱い。

　産業化に注目した議論が後退してしまった一つの要因は、その「産業化」という社会変動のとらえ方が不十分であったことが考えられる。1975年から1995年のSSM調査における「産業化」とは、産業構造のウェイトが農業などの第一次産業から製造業などの第二次産業へと移行する工業化を意味していた。その一方で、次節以降詳しく議論するが、1975年当時の日本経済の実態としてはサービス業などの第三次産業のウェイトも無視できないほど拡大していた。それでも1975年SSM調査で「産業化＝工業化」として捉えられていたのは、経済成長への貢献としてはやはり製造業を中心とする第二次産業の影響が大きかったからである（富永 1979）。1995年SSM調査においても、「新しい商品やサービスが次々と生み出されていくこと」が「産業化」として捉えられており、製造業やサービス業といった企業の経済活動の性質の違いには注意が払われなかった。すなわち、このような企業の経済活動の性質に注目することなく、「産業化」を単一的に捉えてきたことが、1995年SSM調査までの限界でもあり、2005年以降のSSM調査のなかで産業化に注目した議論が後退してしまった要因でもある。

　以上の背景を踏まえ、本章及び第5章は、「脱工業化・サービス産業化（post-industrialization）（以下、サービス産業化）」に注目して雇用社会の

様相を描くことで、今日の社会階層論のなかで社会変動に関する趨勢分析を復興することを試みる。上述のように、これまでの社会階層論は、1970 年代以降進展していたサービス産業化が日本の社会階層と社会移動に与えた影響を十分に捉えてはいなかった。個人調査の分析としての本章以降においては、第 3 章までの企業調査の分析によって明らかになった企業の雇用慣行に関する実態にもとづいて、サービス産業化という社会変動が日本の雇用社会にどのような影響を与えたのかを明らかにすることが目的である。そういった点において、本章及び第 5 章の議論は、産業化に注目した趨勢分析を行った 1975 年 SSM 調査の延長線上に位置づけられる。また、それだけではなく、サービス産業化のゆくえに着目するという視点は、製造業における人事管理に注目して日本の雇用システムを捉えていた従来の制度派労働調査の限界を乗り越えるべく、非製造業のホワイトカラーの人事管理に注目している第 2 章及び第 3 章の企業調査の問題意識とも共通している。

第 2 節　サービス産業化と職業移動からみる雇用システム

1 サービス産業化と雇用システム

第 1 章で論じているように、日本の雇用システムの典型的な特徴である長期雇用慣行は主に戦後の工業社会において成立した。1990 年代のバブル崩壊以降、この長期雇用慣行の是非を巡って様々な議論が交わされたが、今日においても日本的雇用慣行の「本丸」である製造大企業において正規雇用を中心とする長期雇用慣行は安定的であり、大きくは変化していないことが指摘されている（神林 2017; 労働政策研究・研修機構編 2017）。こうした知見から冒頭では、労働者個人のキャリアという側面からみても長期雇用は安定的である可能性が高いと述べた。

しかし、今日の経済社会は工業社会から脱工業社会へと産業構造が大きく変化しており、非製造業における雇用システムの特徴についても注目する必要がある。先行研究では、サービス産業化によって産業セクターに占める製造大企業のウェイトが低下していることが指摘されており（稲上 2005）、今後サービス産業化がより進展していくことを踏まえれば、長期雇用慣行が安

定的であるとしてもそれが経済社会に与えるインパクトは相対的に小さくなっている可能性がある。こうしたことから、まず労働者個人のキャリアを産業間で比較し、「長期雇用型」と「雇用流動型」の併存関係が存在するかを確認する必要がある。ここで特に注目するのは、長期雇用慣行が成立したとされる高度経済成長期の終わりから、急速に拡大しているサービス産業である。

　1970年代ごろ、多くの先進国では産業構造の転換が生じていた。すなわち、産業構造のウェイトが、「ものづくり」を中心とする製造業から、「専門的な知識や情報、サービスの生産・提供」を中心とする第三次産業へ移行するサービス産業化である。サービス産業化には大きく2つの要因が関連している。第1に技術革新である。工業社会の誕生に関しては、蒸気機関の発明などの技術革新によって大規模に機械化された工業が成立したことが重要な役割を担っていた（富永 1965）。1970年代後半になると、生産現場ではオートメーション化などさらなる技術革新が起こり、80年代になると事務管理部門ではコンピューター等のOA機器の導入が進んだ。ME化やIT化と呼ばれるこの時期の情報通信技術の発展によって「専門的な知識や情報」を生み出す経済活動の重要性が高まったことが脱工業社会の到来に関連している（Bell 1973）。脱工業社会において発展を遂げた産業は、情報通信業や金融業などの第三次産業である。

　サービス産業化は、第2に労働力構成の変化の影響を受ける。技術革新が一層発展した1970年代後半から1980年代ごろに生じていたもう一つの変化は、女性の労働市場参入である。因果的な前後関係を明確に想定することは難しいが、少なくともサービス産業化と女性の労働市場参入には関連がみられる。工業社会時代の多くの先進国においては、性別役割分業のもとで男性が稼得役割、女性がケア役割を担っていることが多く、女性の就業率はそれほど高くはなかった。脱工業社会においては、従来家庭・家族の中で行われていた家事や育児を代替する経済活動が発展することで、女性が家族のケア役割から開放される「ケアの脱家族化」が起こり、女性の就業率が高まった（Esping-Andersen 1999）。なお、「ケアの脱家族化」は、従来女性が家庭・家族の中で行っていた家事労働や育児が市場サービスによって代替される場

合と国家による福祉サービスとして代替される場合があるが、いずれにおいても生活関連サービス業や医療・福祉といった産業の発展に繋がる。そして、それらの産業が発展しており、ケアの脱家族化が可能であるという状況自体が女性の労働市場参入を促している側面もある。

　以上をまとめると、脱工業社会において重要となる産業は、情報通信技術の革新によって発展した情報通信業や金融業といった第三次産業と、ケアの脱家族化のなかで発展した各種サービス産業である。なお、脱工業社会においては非製造業のウェイトが高くなるという特徴があるが、その中でも特にサービス産業の発展が重要である。非製造業のうち、上記の情報通信業や金融業、そのほかに運輸業などは、工業社会の主役である製造業との関連がサービス業よりも相対的に強い。例えば、運輸業は主に製造業で作られた製品の流通を担う部門であり、また銀行などの金融業の主要な取引先は高度経済成長を支えた製造大企業であり、さらに情報通信業はそのような取引関係のもとでの企業間での情報のやり取りを担っている。こうしたことから、情報通信業や金融業、運輸業などの非製造・非サービス部門の第三次産業は生産補助部門として位置づけられることもある（Bell 1973）。工業社会の中心である製造業と最も対極に位置づけられるのは、飲食業や宿泊業、生活関連サービス業、医療・福祉などのサービス業である。

　この産業構造の転換を踏まえると雇用システム研究においては、次の2つの考えを識別することが重要である。1つは、工業社会に広く普及していた「長期雇用型」というモデルが「雇用流動型」に置き換わったと考えるものである。もう1つは、従来雇用システムにはいくつかの下位類型が存在しており、製造業が中心であった工業社会では「長期雇用型」のインパクトが大きく、サービス産業が中心となる脱工業社会では「雇用流動型」のインパクトが大きくなると考えるものである。上述のように、先行研究や第2章の知見によれば、異なる雇用システム類型が併存していると考える後者の想定のほうが妥当である可能性が高い。本章では、以上の議論を踏まえ、個人のキャリアからみる雇用システムの類型を、製造業と非製造業、特にサービス産業に注目して比較する。

人々は人生において様々な職業を経験する。キャリアは、「個人が人生において経験する職業の経歴」を意味している。ただし、ここでの「職業」概念は、「職種」「産業」「従業上の地位」「企業規模」などから構成される広義のものである（長松 2018）。近代社会においては、人々の社会経済的地位の形成に対する「職業」の関与が大きく、人々の地位達成プロセスを捉える上でも職業キャリアという視点が重要である（原・盛山 1999）。そして、今日の地位達成プロセスにおいては、どのような「職業」に就くかということではなく、人生を通してどのように「職業」を移動するか（職業移動）ということも重要である。ちなみに、この職業移動は、社会学、特に社会階層論の分野では世代内移動と呼ばれ、現代社会において最も重要な不平等生成メカニズムの1つである（竹ノ下 2018）。

地位達成プロセスという視点から日本の職業移動を検討するうえでは、内部労働市場を通じたものと外部労働市場を通じたものの2つを区別することが重要である（麦山 2018）。内部労働市場を通じた職業移動とは、同一企業内部での職業移動のことであり、昇進が最も典型的な例である。日本的雇用慣行のもとでは、一括採用した新規学卒者に対して、長期的な雇用契約のもとで企業主導の教育訓練を施し、将来的な幹部候補人材として育成・選抜が行われるため（小池 1991; 森口 2013; 八代 1997）、昇進という職位の上昇移動が労働者の職業的地位の獲得に大きな影響を持っている。さらに、日本の昇進の特徴としては、選抜がトーナメント形式であるため最上位の地位を巡る昇進競争に参加するには最初の昇進競争から参加していなければならず、また、選抜段階が重層的であるため決定的な差がつく時期が遅くかつ長期的な競争になるということが指摘されている（今田・平田 1995; 小池 1991）。つまり、日本の雇用システムにおける人々の地位達成プロセスとしては、同一企業に長期的に勤め続け昇進によって職業的地位を上昇させる内部労働市場を通じた職業移動が重要である。

この内部労働市場を通じた職業移動において特徴的であるのは、長期雇用と新卒一括採用という制度のもとで「学卒後最初に就いた仕事（初職）を定年まで続ける長期勤続キャリア」が前提となっていることである（菅山

2011）。上記のように、長期の教育訓練を重視したり、昇進がトーナメント選抜形式である場合、労働者の地位達成にとっては長期勤続であることが有益である。また、企業も長期勤続を重視しているため、新卒一括採用が新規労働力を確保する主要な戦略となる。このような雇用慣行のもとでは、内部労働市場を通じた職業移動によるキャリア形成の始点として初職が重要な意味を持っている。

したがって、「長期雇用型キャリア」においては、単に勤続が長期的であるという側面のみならず、初職継続に注目することが重要である。ちなみに、社会階層論では人々の地位達成過程において初職というステージが果たす役割に特別な注意を払っており（Blau and Duncan 1967）、特に初職への到達経路である「学校から職場への移行」に関心を寄せてきた（苅谷 1991; Rosenbaum et al. 1990）。内部労働市場を通じた職業移動の機会は特に大企業ホワイトカラーに開かれていることから、初職でこうした職業的地位を獲得できるかどうかが、その後のキャリアにおける地位達成をも左右する（原・盛山 1999）。

従来日本においては新規学卒（予定）者の初職の獲得に関して学校が関与する程度が大きく、従来多くの若年者たちは、学卒後に無業を経験することなく、間断なく安定的に職場へ移行していた（苅谷 1991; 菅山 2011）。しかし、1990年代以降は、不況期によって若年フリーター・若年非正規雇用・若年失業者が増加したなど、若年者の初期キャリアの不安定化が注目を集めた（太田 2010; 小杉 2010; 玄田 2001; 太郎丸 2009）。学校から職場への移行がスムーズではなく間断がある場合や、初職に非正規雇用の職業に就いている場合、その後のキャリア形成や職業的地位の獲得においても不利であることが指摘されている（石田 2021; 香川 2011; 佐藤 2011）。「長期雇用型キャリア」においては地位達成プロセスという視点からみても初職継続という側面が重要であり、仮に初職継続傾向の弱体化が観察されるとすれば、それは「長期雇用型キャリア」の弱体化とみなすことができる。特に上記の若年初期キャリアの不安定化は、正規雇用という安定的な職業的地位で初職を継続する傾向が弱体化していることを意味している部分もあり、雇用システムが「雇用流動型」に変化していることを示唆する一つの根拠になってい

る。

　一方で、外部労働市場を通じた職業移動の典型例は転職である。基本的には企業を跨ぐ職業移動が転職と呼ばれる。外部労働市場を通じた職業移動による地位達成プロセスに関してはこれまで十分に検討されてこなかったが、近年転職や離職経験がもたらすキャリアへの効果にも注目が集まっている。なお先行研究によると、外部労働市場を通じた職業移動による地位達成の機会は限定的であり、多くの場合キャリア形成や所得に関して転職や離職経験が不利に働くことが指摘されている（近藤 2010; 麦山 2018）。

　ただし、単なる転職の一般化という視点のみで「雇用流動型キャリア」を捉えるのは不十分であり、初職継続の反対である初職離職という側面にも着目して「雇用流動型キャリア」を捉える必要がある。本章冒頭で述べたように「雇用流動型」の雇用システムにおいては、典型的には転職が増加し勤続年数が短くなると考えられている。こうした考えは、主に転職が一般的になることで企業1社あたりの労働者の定着期間が短くなるという側面に注目したものである。しかし、上述の地位達成プロセスからみたときの「長期雇用型キャリア」との対比に着目すると、「雇用流動型キャリア」の特徴は、あらゆる転職が増加するということのみならず、内部労働市場的なキャリア形成の視点となる初職を離職するということにもある。人が人生で転職を経験する回数に制限はないが、初職離職は基本的には人生で1回のみであり、最初の転職が初職離職となる。1990年代以降の若年初期キャリアの不安定化に伴って、若年者の早期離職や初職から第2職への移行経験、つまり初職離職が増加していることが指摘されており（岩脇 2017; 香川・西村 2015; 黒澤・玄田 2001）、労働者のキャリアの流動化はまず初職離職という側面から捉える必要がある。

　先行研究では、このような初職離職や若年労働者の早期離職が特にサービス産業やサービス職で多いことが指摘されている（岩脇 2017; 小林ほか2014）。サービス産業において早期離職が多い理由として、小林ほか（2014）では、サービス産業と製造業では雇用システムが異なっていることを指摘している。つまり、製造業の企業では新卒者を長期的に育成するという雇用システムを採用しているために若年者の早期離職が低い一方、サービス産業の

企業ではこうした育成戦略が採用されておらず、新卒採用者の定着化よりも即戦力の採用に力点が置かれるために、若年者の早期離職を抑制しにくくなっているということである。こうしたことから、小林ほか（2014）では、製造業は「伝統的な日本的雇用システム」に、サービス産業は離職や転職受入が多いという特徴を持つ「門戸開放・使い切り型」の雇用システムに分類されている。これらの知見から本章でもサービス産業において「雇用流動型キャリア」が多いと予想する。上述の産業構造の転換を踏まえると、「雇用流動型キャリア」の特徴を持つサービス産業のウェイトが増加することによって、労働市場全体の流動化の傾向が高まっているようにみえるが、その実態は雇用システムの転換ではなく、異なる雇用システムの併存関係であるという点が重要である。

3　問い：初職継続に注目したキャリアの類型とサービス産業化の関連

　繰り返しになるが、地位達成プロセスにおける職業移動の視点からみると、「長期雇用型キャリア」では初職継続という側面が重要であり、それと対比される「雇用流動型キャリア」の特徴としては、それが単なる転職による職業移動であるという側面のみならず、「学卒後最初に就いた仕事（初職）を継続しない」という初職離職の傾向の側面が重要である。異なる雇用システムの併存関係が労働者個人のキャリアにおいても観察される場合、「長期雇用型」では初職継続の傾向が強く、「雇用流動型」では初職継続の傾向が弱い、もしくは初職離職の傾向が強いということが想定される。

　以上の議論を踏まえ、本章では、初職継続と初職離職に着目して労働者のキャリアを類型化し、それが産業ごとにどのように異なっているのかを検討する。もちろん、労働者全体において初職継続の割合がどの程度であるかを確認することが重要であるが、本章で注目するのは、第 1 に労働者の初職継続傾向の産業間比較である。上述の議論によれば今日も製造業では「長期雇用型」の雇用システムの特徴が確認されていることから、当然学卒後に製造業の仕事に就いた労働者ほど初職継続の割合が高くなるはずである。反対に、サービス産業やその他の第三次産業において、労働者のキャリア類型の分布が製造業と異なっている場合、異なる雇用システムの併存関係があると

161

みなせる。

　第2に、当然転職を経験している人は決して少なくないと考えられるが、その転職経験者の初職離職がどの年齢段階で生じているのかということである。本章冒頭で述べたように、内部労働市場を通じたキャリア形成の始点として重要な役割を持っている初職からの離職が、若壮年期に生じている場合と中高年期に生じている場合とではまったく意味が異なっている。上述のように1990年代以降は特に若年期のキャリアの不安定化が指摘されており、この時期の初職離職に関しては、経済不況のなか初職時点で労働者と職業にミスマッチが生じていたことが1つの要因とされている（黒澤・玄田2001）。適職探しの意味合いが含まれる若年期の初職離職は、確かに初職継続の弱体化であるが、初職後の第2職以降では長期勤続になる可能性が高く、必ずしも「長期雇用型」と完全に相反するわけではない。一方で、初職でそれなりに勤続を積み上げた中高年期に生じる初職離職は、第2職での勤続が相対的に短くなるだけではなく、内部労働市場を通じた上昇移動の機会をその直前で放棄していることにもなるため、より初職継続の弱体化の程度が大きく、最も「長期雇用型キャリア」と相反していると考えられる。こうした視点から、「雇用流動型キャリア」の労働者の特徴である初職離職がどの年齢で生じているのかを産業間で比較する。特にサービス産業で多いと予想されている初職離職が、先行研究で指摘されているような若年初期キャリアの流動化として捉えられるものなのか、「長期雇用型キャリア」と完全に相反するような中高年期のキャリアの流動化なのかを識別することが重要である。

　第3に、補足的な分析として、同じく「雇用流動型キャリア」の労働者に注目し、初職から第2職への移行において、異なる産業間での転職がどの程度存在するのかを検討する。ここでは、産業間での転職が少ない場合、異なる雇用システムが産業間で並列して存在していると考えている。例えば、長期雇用型の特徴があるとされる製造業においても初職離職や転職は当然観察されるはずであるが、非製造業における初職離職や転職とは質的に異なっている可能性もある。本章では使用するデータの制約上産業間の転職の質的な差異を厳密に検証することはできないが、産業間転職が少なく産業内転職が

多い場合、同じ転職という職業移動に関しても産業の境界が重要であり、雇用システムの併存関係を示唆する 1 つの根拠になりうると考えられる。初職から第 2 職への移行については産業間のパターンがあり、基本的には同一産業内での転職が多いと指摘する研究もあり（森山 2021）、異なる雇用システムを跨ぐ転職が多くないということが予想される。

第 3 節　分析方法

　本節では、まず、使用するデータとサンプルについて述べる。使用するデータは労働政策研究・研修機構が 2019 年に実施した『職業と生活に関する調査』（以下、職業生活調査）である。職業生活調査は、住民基本台帳から無作為抽出された全国 25〜64 歳の男女 12,000 人を対象に、仕事と生活の両面から企業への定着と離転職など個人の就業行動について調査している。詳細については労働政策研究・研修機構（2022a）を参照されたい。職業生活調査は、いわば労働版総合社会調査としての性格を持っているため、幅広い年齢層の個人を調査対象としているが、本章においては大企業（300 人以上）に勤めている 30〜59 歳に限定して分析を行う[1]。本研究がこれまでに議論しているように、長期雇用慣行は基本的には大企業の特徴であり、中小企業は元々流動性が高い。また、若年層と高齢層はキャリアの流動性が極端に高くなっている可能性がある。本章の問いを検討するうえでは、大企業に勤めている 30〜59 歳の現役層のキャリアに注目しても、「長期雇用型」と「雇用流動型」の併存関係が確認出来るかを分析することが重要である。後述のように、この年齢層を基準としつつ、それぞれの分析では検討する問いに合わせて異なるサンプル集団を分析対象とする。

　次に分析戦略と変数について述べる。本章の分析は大きく 2 つに分かれ

---

[1]　なお、比較対象の企業規模をそろえるため、本章では、サービス業も製造業と同じく 300 人以上を大企業とする。この基準では、一般的な中小企業の定義では大企業に含まれる 100〜299 人のサービス業が中小企業に分類される。つまり、一般的なサービス業の大企業の中でも、本章の分析対象はより大きい企業を大企業としていることになるが、組織の大きさが異なる企業同士を比較すると結果を誤解するおそれがあるため、あえて産業間の企業規模をそろえて分析することにする。

る。まず、最初に行うのが、産業間の労働者のキャリア分布の比較分析である。ここでは初職が正規雇用であり現在有業で大企業（300人以上）の30〜59歳のサンプルを分析対象とする。職業生活調査は、すべての調査対象者に対して初職・前職・現職の情報を尋ねており、完全に網羅しているわけではないが個人の職歴情報を用いることができる。この情報を用いて、労働者のキャリアを「初職継続」「転職1回」「転職2回以上」の3つに類型化する。ここで検討する「長期雇用型キャリア」と「雇用流動型キャリア」の比較において重要であるのが初職継続および初職離職であるため、初職時点ですでにキャリアが不安定化しているとみなされる初職非正規のケースは分析に使用しない。ただし、ここでは現職の雇用形態を限定していないため、「初職正規雇用→現職非正規雇用」という転職キャリアのケースも含まれているが、初職離職という点では「初職正規雇用→現職正規雇用」という転職キャリアの場合と大きな違いはないとみなし特段限定はしていない。

　次に、初職が正規雇用であり現在有業での30〜59歳のサンプルのうち、転職経験者（初職離職者）を対象にして、①初職離職／現職入職が生じた年齢と②初職から第2職／前職から現職への移行についての分析を行う。労働者のキャリア類型でいえば「転職1回」「転職2回以上」に該当するケースである。この転職経験者の初職離職／現職入職の年齢を産業ごとに比較し、さらにどの初職／前職産業からどの第2職／現職産業への移行が多いのかも検討する。この分析を通して今日観察されている流動性の実態を把握することができる。

　以上の分析で共通して使用する「産業」は本章で最も重要な変数である。本来であれば可能な限り細かいカテゴリーを用いるべきであるが、サンプルサイズの都合上、本章で使用する産業セクターは第4-3-1表の通りとする。まず、長期雇用慣行が安定的である製造業および建設業からなる第二次産業である。次に、「資産の管理・取引を行う」という意味で金融・保険業、不動産・物品賃貸業を一つのカテゴリーとする。さらに、運輸・郵便業と情報通信業・マスコミは「人・物・情報の伝達・輸送」を行う産業としての類似性があると考えられるため、同一カテゴリーとする。

　サービス産業は大きく2つに分ける。一つが、相対的に低熟練であること

第 4-3-1 表　産業変数

産業	図表中での省略表記
製造業、建設業	建製
金融・保険業、不動産・物品賃貸業	金保不
運輸・郵便業、情報通信業・マスコミ	運郵情
卸売業、小売業、宿泊業・飲食店・娯楽業、その他サービス業	卸小サ
医療・福祉、教育・学習支援、専門サービス業	医福教専

出所）筆者作成。

が多い接客・販売等の対人サービスとして卸売業と小売業、宿泊業・飲食店・娯楽業、その他サービス業からなるカテゴリーである。もう一つが、医療・福祉と教育・学習支援、専門サービス業を含む広義の専門サービス業である。

　公務もしくは企業規模が「官公庁・公営事業所」である公共セクターと、農林漁業及び、鉱業・採石業、電気・ガス・熱供給・水道業、その他は、本章の主たる関心ではないので分析から除外する。

第 4 節　分析結果：「雇用流動型キャリア」とその実態

1 「長期雇用型」セクターと「雇用流動型」セクター

　最初に、労働者のキャリア分布の産業間比較の分析結果から確認する。第4-4-1 図には初職の産業ごとに労働者のキャリア類型の割合を示した。図表中 Y 軸側の初職産業は「初職継続」割合が高い順に並び替えている。繰り返しになるが、ここでの分析対象は初職が正規雇用であり現在有業で大企業（300 人以上）の 30〜59 歳のサンプルである。

　「初職継続」割合が高いのは「運郵情」「建製」などであり、初職でこれらの産業に入職した労働者の少なくとも 4 割がその初職を今日も継続している。もちろん、初職継続率が高いこれらの産業セクターに初職として入職した場合においてもその後転職を経験する人が全くいないわけではないが、「転職 2 回以上」の割合は高くても約 30％であり、相対的には「初職継続」という「長期雇用型キャリア」が優勢である。

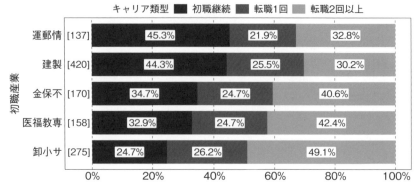

第 4-4-1 図　初職産業別キャリア分布

初職産業	初職継続	転職1回	転職2回以上
運郵情 [137]	45.3%	21.9%	32.8%
建製 [420]	44.3%	25.5%	30.2%
金保不 [170]	34.7%	24.7%	40.6%
医福教専 [158]	32.9%	24.7%	42.4%
卸小サ [275]	24.7%	26.2%	49.1%

注）大企業の 30 ～ 59 歳に限定。括弧内は N 数。
出所）職業生活調査より筆者作成。

　次に「初職継続」割合が高いのは「金保不」「医福教専」である。これら
の産業セクターに初職として入職した労働者の 3 割強は初職を継続している
一方、約 4 割がその後 2 回以上転職を経験している。この 2 つの産業セク
ターでは、決して初職継続率が低いというわけではないが、相対的に比較す
ると「転職 2 回以上」の割合のほうが高いという特徴がある。

　「卸小サ」では「初職継続」割合が相対的に低く、「転職 2 回以上」の割合
が高くなっている。「初職継続」割合が 3 割を下回っている一方で、「転職 2
回以上」はほぼ 50％であり、初職でこの産業セクターに入職した労働者の
うち過半数近くはその後 2 回以上転職を経験していることになる。

　以上の分析結果から、「運郵情」「建製」は「初職継続」が優勢で「長期雇
用型キャリア」に該当し、「卸小サ」は「初職継続」割合が最も低く「雇用
流動型キャリア」に該当することがわかる。したがって、この産業セクター
間の差異から、「長期雇用型」と「雇用流動型」の雇用システムの併存は特
に製造業とサービス産業との間に観察されるといえる。さらに、非製造業で
ある「運郵情」も第 4-4-1 図をみるかぎり「長期雇用型」の特徴を有してお
り、「長期雇用型」の雇用システムは製造業以外でも存在している可能性が
示唆される。「金保不」と「医福教専」は、第 4-4-1 図においては「長期雇
用型」と「雇用流動型」の両方の特徴が入り混じっており、この段階で明確

に識別することは難しい。

　ところで、第4-4-1図からは、「初職継続」キャリア自体は、大企業に限定してはいるが、いずれの産業セクターにおいてもマジョリティではないことがわかる。つまり、全体でみれば転職経験者のほうが多いということである。もちろん、この中には様々な属性を持った労働者が含まれていることには注意が必要である。しかし、ここで「転職1回」をどのように位置づけるかということが重要になる。例えば、それを若年期の適職探しの結果として生じているものとみなす場合、「転職1回」キャリアと「初職継続」キャリアの違いは実質的には小さくなると考えられる。その場合、「転職2回以上」が実質的には「雇用流動型キャリア」に該当する。「転職2回以上」の割合に注目しても、「運郵情」「建製」と「卸小サ」は大きく異なっており、後者のほうがより「雇用流動型」の雇用システムと整合的であることがわかる。

　次に、性別・年齢ごとに労働者のキャリア分布を分析する。「長期雇用型」の雇用システムは主に男性労働者に適用されてきたものである（大沢1993）。女性労働者はライフイベントに起因する就業中断や転職が多く、従来から「長期雇用型」のキャリアを歩む人は少なかった。近年では様々な女性労働政策によって女性の就業継続に政策的介入が行われているが、特に近年の若いコーホートを除いて、女性労働者全体のキャリアに大きな変化は未だみられていない（安部 2011; 守泉・中村 2021; 吉田 2021）。また、ここでの分析で使用しているキャリア類型は職歴情報を用いて作成しているため、年齢によって観察されている職歴のスパンが異なっている。つまり、労働市場に入って間もない若年層では、今後転職する可能性があるが現時点では初職を続けているケースも「初職継続」としてカウントされてしまうため、他の年齢層と比べると初職継続率が高く見積もられてしまう。こうしたことから、性別・年齢を統制してもなお第4-4-1図で示した傾向が観察されるかを検討する必要がある。

　第4-4-2図と第4-4-3図に、男性と女性の年齢ごとの初職産業別キャリア分布を示した。まず、性別ごとに傾向が大きく異なっていることがわかる。端的にいえば、多くの産業において男性のほうが「初職継続」割合が高く、女性のほうが「転職2回以上」の割合が高くなっている。特にこの傾向は

第4-4-2図　年齢ごとの初職産業別キャリア分布（男性）

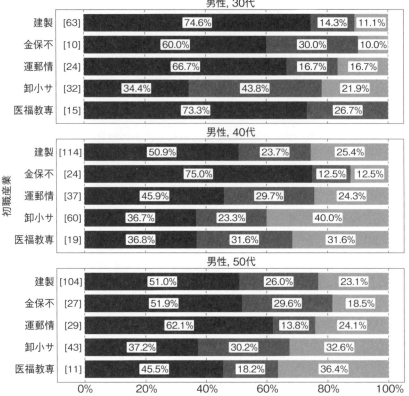

注）大企業の30〜59歳に限定。括弧内はN数。
出所）職業生活調査より筆者作成。

40代や50代で顕著になっており、上述のようにライフステージに起因する
就業中断や転職が女性に多いということがわかる。特に注目したいのは、長
期雇用が規範的に期待されている男性において初職産業ごとにキャリア分布
の差異がみられるかということである。

　まず、「男性，30代」の初職継続率に注目すると（第4-4-2図）、「建製」
「医福教専」では70％を超えており、「金保不」「運郵情」では60％台となっ
ている一方、「卸小サ」では約34％である。産業に関わらず、30代の初職継

第 4-4-3 図　年齢ごとの初職産業別キャリア分布（女性）

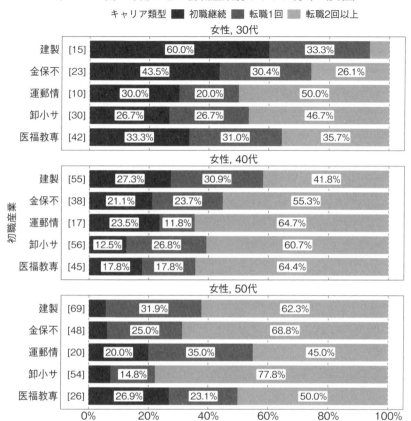

注）大企業の 30 〜 59 歳に限定。括弧内は N 数。
出所）職業生活調査より筆者作成。

続率は 40 代や 50 代と比べると最も高くなると予想されるが、「卸小サ」の
初職継続率は突出して低くなっている。もっとも「男性，30 代」の「卸小
サ」においても、「転職 2 回以上」の割合が特に高いというわけではないの
で、このカテゴリーは初職離職傾向が特に強いと解釈できる。

　次に、「男性，40 代」の結果を確認する。「金保不」の「初職継続」割合
が極端に大きくなってしまっているため解釈しづらい部分があるが、産業セ
クター間の差異は比較的目立っている。産業セクターの類型としては、「初

職継続」割合が 45％以上である「建製」「運郵情」からなる「長期雇用型」と、36％程度に留まっている「卸小サ」「医福教専」からなる「雇用流動型」である。「金保不」の値はかなり極端であるが「初職継続」割合が高いという点においては「建製」「運郵情」と同じグループに分類できる。後者の雇用流動型には 2 つのサービス産業が含まれており、本章第 2 節で予想した通りとなっている。「男性，40 代」の場合、「卸小サ」「医福教専」は「初職継続」割合が低いのみならず「転職 2 回以上」の割合も相対的に高く、その意味でも「雇用流動型キャリア」と整合的である。

　「男性，50 代」の結果をみても同じ傾向が観察される。ここでも「初職継続」割合が高いのは「建製」「金保不」「運郵情」であり、それと比べると特に「卸小サ」の「初職継続」割合の低さが目立っている。「男性，50 代」の「医福教専」の初職継続率は両者のちょうど中間ぐらいになっており、一見「長期雇用型」と「雇用流動型」のどちらともいえないようにみえるが、「転職 2 回以上」の割合が最も高く、「雇用流動型」の特徴が若干強い側面もある。

　最後に女性の結果について簡単に述べておく（第 4-4-3 図）。女性は全般的に「転職 2 回以上」の割合が高いが、特に年齢が高くなるといずれの産業セクターにおいてもその傾向が強くなる。これは当然、年齢が高くなるほど結婚や出産などのライフイベントに直面している可能性が高く、それによって就業中断や転職を経験している人が増えるためである。「女性，30 代」では「建製」「金保不」の「初職継続」割合が高く「転職 2 回以上」の割合が小さい。「女性，40 代」では全体的に「初職継続」割合が減少するが、「建製」で相対的に高く「卸小サ」で相対的に低い。「女性，50 代」ではさらに「初職継続」割合が減少し、「運郵情」で 20％、「医福教専」で約 27％となっている。初職継続率が全体に低い女性の結果はやや産業セクター間の違いがわかりにくくなっているが、「建製」で相対的に初職継続率が高く、「卸小サ」で低いという傾向自体は男性と同一である。

　上述の分析結果について、主に男性に注目してまとめると次の通りである。まず、いずれの年齢層においても労働者のキャリア分布は産業セクター間で異なっている。「長期雇用型」と「雇用流動型」の典型的な対比が最も

第 4-4-4 図　産業セクターの類型

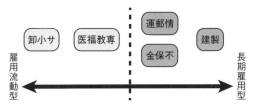

出所）筆者作成。

顕著になるのは、初職継続率が高い「建製」と、初職継続率が低く転職回数が多い「卸小サ」での比較である。両産業セクターの対照的な特徴は男女どちらの分析においても確認された。つまり、本章第 2 節の議論の通り、「長期雇用型」の雇用システムは製造業と整合的で、「雇用流動型」はサービス産業と整合的である。また、男性に限定した分析結果においては、非製造業の第三次産業である「金保不」と「運郵情」においても初職継続率は「建製」は同程度に高く、「長期雇用型」の特徴を持っている。しかし、女性の結果からは明確に「長期雇用型」の特徴を持っているとはいえず、やや「長期雇用型」寄りである。さらに、もう一つのサービス産業である「医福教専」は必ずしも「卸小サ」と同程度に初職継続率が低いわけではなく、その意味では明確に「雇用流動型」であるとはいえない一方、「転職 2 回以上」の割合は特に「男性，50 代」の場合で高くなっており、「雇用流動型」の特徴がどちらかといえば強くなっている。

　以上の類型をまとめると第 4-4-4 図の通りである。これらの産業を大きく二分すると「長期雇用型」に含まれるのは「建製」「金保不」「運郵情」であり、残るサービス産業は「雇用流動型」に含まれる。したがって、労働者のキャリア分布をみてもこの 2 つの雇用システムは併存関係にあるといえる。

2　雇用流動性の実態

　次に、「雇用流動型キャリア」の実態についての分析結果を確認する。まず、転職経験者に限定して、雇用流動性の実態を初職離職年齢と現職入職年齢の側面から検討する。本章第 2 節で議論した通り、初職離職年齢をみることによって、その初職離職が若年初期キャリアの不安定化に該当するものか

どうかを確認できる。ただし、初職離職年齢はキャリアにおける最初の転職のみしか捕捉できず、転職全体の流動性を評価するには不十分である。そこで、参考として現職入職年齢も合わせて確認する。

　第4-4-5図には男性の転職経験者の初職離職年齢と現職入職年齢を箱ひげ図[2]によって示した。なお、図中の三角は平均値を意味している。まず、男性の初職離職年齢の分布から確認する。「長期雇用型」と「雇用流動型」の間に初職離職年齢分布の差異はほとんどない。平均値と中央値をみると、どちらの産業セクターにおいても初職離職は20歳後半から30歳の間に生じている。第3四分位数によると、30代で初職離職を経験している人も少ないことがわかるが、それでも40歳を超えて初職離職を経験するようなケースはかなり稀である。第1四分位数から第3四分位数までの間（四分位範囲）には全体の50％の人が含まれるが、これをみると男性の初職離職は、産業セクターに関わらず、おおよそ24〜33歳の間に生じている。

　さらに、男性の現職入職年齢に注目しても、上記の傾向と大きく異なっているわけではない。現職入職年齢は現時点でのキャリアにおいて最後に経験した転職を捉えているため、転職回数が多い場合自ずと現職入職年齢が高くなる。しかし、それでも現職入職年齢の平均値と中央値は、2つの産業セクターで30代前半に収まっている。第3四分位数をみても35歳付近であり、現職入職年齢でみても中高年期の転職はかなり稀であることがわかる。現職入職年齢の四分位範囲は、「長期雇用型」でおおよそ26〜36歳であり、転職における「35歳の壁」の存在が示唆される。

　これらのことから、現状観察されている転職は基本的には若年から壮年期

2　箱ひげ図とは、四分位数と最小値・最大値を用いてデータの全体的なばらつきをグラフ化したものである。四分位数とは、値の小さい順に各ケースを並べたときに、分布全体を4等分する位置のことである。第1四分位数は小さいほうから1／4、第2四分位数（中央値）は小さいほうから2／4、第3四分位数は小さいほうから3／4の位置を意味する。「箱」として描かれているのは、第1四分位数から第3四分位数の値に収まる範囲である。つまり、全データのうち半分のケースがこの箱の範囲の値を取るということを意味している。第3四分位数から第1四分位数の差分が四分位範囲（IQR）と呼ばれる。箱の中の区切り線は、中央値（第2四分位数）を示している。箱の両端に描かれている線（ひげ）は、それぞれ、第1四分位数から最小値まで、第3四分位数から最大値までの範囲を示している。図中（第4-4-5図及び第4-4-6図）のバツ印は外れ値を意味しているが、それぞれ第1四分位数／第3四分位数よりも1.5×IQR分小さい／大きい値を外れ値とみなしている。なお箱ひげ図の作成に関しては統計ソフトRを用いている。

第 4-4-5 図　転職経験者の初職離職年齢と現職入職年齢（男性）

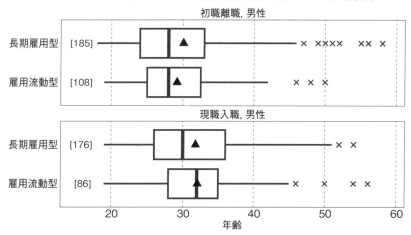

注）大企業の 30 〜 59 歳に限定。括弧内は N 数。
　　図中の三角形は平均値、箱の左辺が第 1 四分位数、右辺が第 3 四分位数、中央の太線が第 2 四分位数 (中央値)、下限
　　のひげが最小値から第 1 四分位数、上限のひげが最大値から第 3 四分位数、両端のバツ印が外れ値を示している。
出所）職業生活調査より筆者作成。

第 4-4-6 図　転職経験者の初職離職年齢と現職入職年齢（女性）

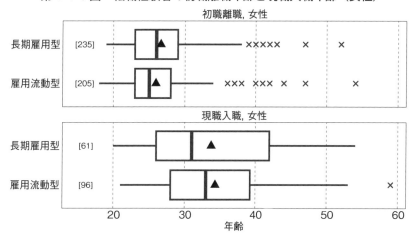

注）大企業の 30 〜 59 歳に限定。括弧内は N 数。
　　図中の三角形は平均値、箱の左辺が第 1 四分位数、右辺が第 3 四分位数、中央の太線が第 2 四分位数 (中央値)、下限
　　のひげが最小値から第 1 四分位数、上限のひげが最大値から第 3 四分位数、両端のバツ印が外れ値を示している。
出所）職業生活調査より筆者作成。

に生じているもので、つまり若年初期キャリアの流動化であるといえる。特に、キャリアにおける最初の転職である初職離職はその特性が強く出ている。さらに、女性の結果と比較することによってもその特徴は際立つ（第4-4-6図）。女性の場合も初職離職自体は若年期の特徴であるが、現職入職年齢の分散は男性よりも大きくなっており、第3四分位数は40歳前後である。つまり、中高年期に転職を経験しているのは基本的には女性であり、女性のキャリアは「長期雇用型」と最も相反する「雇用流動型」として位置づけられる。男性にみられた若年初期キャリアの不安定化としての「雇用流動型キャリア」は、初職継続という側面では「長期雇用型」と相反するものであるが、転職先で定着を否定するものではない。男性の結果に注目すれば、今日観察されている雇用流動性は初職継続傾向の弱体化によって生じているものに過ぎず、アングロサクソン諸国のような労働市場全体の流動化のイメージとは異なっているといえる。

3 転職の移行パターン

最後の分析として初職離職と現職入職の移行パターンの分析を行う。ここで注目するのは、「長期雇用型」と「雇用流動型」間での転職がどの程度存在するのかということである。そのためには、初職離職については初職の産業セクター別に第2職の産業セクターの割合をみればよく、現職入職については現職の産業セクター別に前職の産業セクターの割合をみればよい。ここではこれまでの分析と同様に大企業の転職経験者に限定し、男女別に分析を行う。ただし、主に注目するのは男性の結果である。

第4-4-1表に初職産業別の初職離職パターンを示した。まず、この分析で注意すべきはケース数の少なさである。分析の対象を大企業に限定しているため、ここでは初職と第2職がともに大企業である場合、つまり大企業間での転職フローを分析していることになる。詳細の結果は省略するが、いずれの産業セクターの場合であっても基本的には、初職離職後の第2職の受け皿としては中小企業が最も多いことには注意が必要である[3]。

---

[3] 図表は省略するが、「長期雇用型」セクター大企業の初職を離職した男性144人中、49人（約34％）が「長期雇用型」セクター中小企業へ、31人（約22％）が「雇用流動型」セクター中小

第 4-4-1 表　初職産業別の初職離職パターン

初職産業		第 2 職産業		N
		長期雇用型	雇用流動型	
男性	長期雇用型	83.6%	16.4%	55
	雇用流動型	45.2%	54.8%	31
女性	長期雇用型	52.0%	48.0%	25
	雇用流動型	12.5%	87.5%	40

注）大企業の 30 〜 59 歳に限定。
　　行パーセンテージを示しており、初職の産業ごとに流出先（第 2 職の産業）の割合を示している。
　　表側ごとに上位 2 つを強調表示
出所）職業生活調査より筆者作成。

　男性転職経験者で初職「長期雇用型」の場合、約 84％が第 2 職で「長期雇用型」へ移行している。反対に、男性転職経験者で初職「雇用流動型」の場合、約 55％が「雇用流動型」へ移行している。「長期雇用型」から「雇用流動型」への移行はかなり少ないものの、「雇用流動型」から「長期雇用型」への移行は 4 割程存在しており、産業セクターを跨ぐ転職が全くないわけではない。ただし、それでも「雇用流動型」から「雇用流動型」への移行が過半数を占めている。このことから基本的には同一産業セクター内での転職の方が多く、特に「長期雇用型」から「雇用流動型」への移行は少ないといえるだろう。女性の初職から第 2 職への移行も概ね同じ傾向である。基本的には、やはり同一産業セクター内での移行が多くなっている。

　次に第 4-4-2 表で現職入職のパターンも確認する。同じように男性大企業の結果を重点的にみていくが、ここでもやはり中小企業からの転職が多いことには注意されたい[4]。

　企業へ転職している。また、「雇用流動型」セクター大企業の初職を離職した男性 83 人中、18 人（約 22％）が「長期雇用型」セクター中小企業へ、32 人（約 39％）が「雇用流動型」セクター中小企業へ転職している。つまり、初職が大企業であったとしても第 2 職で中小企業へと転職する場合も決して少なくない。ただし、大企業から中小企業への転職においても同じセクター内での移動が多く、この点からも「長期雇用型」と「雇用流動型」の併存関係が観察される。この傾向は女性でも同様である。

4　図表は省略するが、現職が「長期雇用型」セクター中小企業の男性 242 人中、25 人（約 10％）が「長期雇用型」セクター大企業へ、12 人（約 5％）が「雇用流動型」セクター大企業へ転職している。また、「雇用流動型」セクター中小企業の初職を離職した男性 142 人中、13 人（約 10％）が「長期雇用型」セクター大企業へ、23 人（約 16％）が「雇用流動型」セクター大企業へ転職している。同じセクター内での前職から現職への転職フローに注目した場合、中小企業か

第 4-4-2 表　現職産業別の現職入職パターン

現職産業		前職産業		N
		長期雇用型	雇用流動型	
男性	長期雇用型	79.3%	20.7%	58
	雇用流動型	32.0%	68.0%	25
女性	長期雇用型	82.4%	17.6%	17
	雇用流動型	18.5%	81.5%	27

注）大企業の 30 〜 59 歳に限定。
　　行パーセンテージを示しており、現職の産業ごとに流出元（前職の産業）の割合を示している。
出所）職業生活調査より筆者作成。

　男性転職経験者で現職「長期雇用型」の場合、約 80％が「長期雇用型」
の前職から流入している。反対に、男性転職経験者で現職「雇用流動型」の
場合、68％が「雇用流動型」から流入している。このように現職入職のフ
ローでみても、同一産業セクター内での転職が多いという結果になってい
る。女性の現職入職の結果もこの傾向を支持している。
　以上の転職の移行パターンに関する分析からは、異なる産業セクターを跨
ぐ転職は相対的に少ないということがわかる。「長期雇用型」のセクターに
も転職を経験する人が決して少なくないが、「長期雇用型」セクターから
「雇用流動型」セクターへ転職している人は少ない。先行研究でも、本章で
「長期雇用型」セクターに位置づけている製造業や流通業などからサービス
産業への移行には障壁があることが指摘されている（森山 2021）。すなわ
ち、今日観察されている転職の多くは、基本的には同一雇用システム内で生
じている。こうした事実は、同じ転職であっても「長期雇用型」と「雇用流
動型」ではその内実が異なっている可能性を示唆している。

第 5 節　考察：併存する雇用システムと初職継続の弱体化

　本章では、労働者個人のキャリアに注目して、「長期雇用型」と「雇用流

ら大企業への転職は「雇用流動型」セクターにおいて相対的に多い（「長期雇用型」セクターで
は 10％ポイント、「雇用流動型」セクターでは 16％ポイント）。こうした事実も「雇用流動型」
セクターがやはり「雇用流動的」であるという特徴を示している。

動型」の雇用システムの併存関係が確認できるかを分析した。その結果明らかになったことは次の通りである。

1)　製造業、建設業、金融・保険業、不動産・物品賃貸業、運輸・郵便業、情報通信業・マスコミは、初職継続キャリアの割合が高く「長期雇用型」セクターに分類される。卸売業、小売業、宿泊業・飲食店・娯楽業、その他サービス業、医療・福祉、教育・学習支援、専門サービス業は、初職継続キャリアの割合が低く「雇用流動型」セクターに分類される。

2)　産業セクターに関わらず、転職の多くが若年から壮年期までに生じており、雇用流動性の実態は初職継続傾向の弱体化、つまり若年初期キャリアの不安定化である。

3)　「長期雇用型」セクターと「雇用流動型」セクターを横断する転職は少なく、2 つの雇用システムが併存している。

　以上のように、労働者個人のキャリアに注目した分析からも、第 2 章で明らかになった異なる雇用システムの併存関係が確認できた。先行研究でたびたび指摘されてきた製造業における長期雇用慣行の安定性は労働者のキャリアにおいても確認された。さらに「長期雇用型」の特徴は、製造業のみならず、金融業や運輸業といった製造業以外の第三次産業においても観察された。情報通信業や金融業、運輸業などの非製造・非サービス部門の第三次産業は、工業社会の発展に伴ってモノ・金・情報のやり取りが複雑化するなかで、生産部門を補助する部門として誕生した（Bell 1973）。つまり、情報通信業や金融業、運輸業などの企業は製造業の企業と密接な取引関係にあることが多く、したがって、両者の雇用システムに類似性がみられるのも不思議ではない。例えば、従来特に大企業はメインバンク型のコーポレートガバナンスを採用することが多く、大手の金融機関とは密接な関係を持っていた（稲上 2005）。

　一方、こうした産業とは異なり、サービス産業では「雇用流動型」のキャリアの特徴がみられた。しかし、その雇用流動性の実態は、中高年期に転職が生じているということではなく、あくまでも若年期の転職つまり初職離職が相対的に多いということであった。こうした初職継続傾向の弱体化は、初

職継続を特徴とする「長期雇用型キャリア」とは相反するようにみえるが、しかし第2職以降では長期的な定着が生じる可能性もある。本章第2節で議論したように、職業移動の視点からみたとき、「長期雇用型キャリア」の特徴は初職を継続し同一企業内で職業的地位の上昇を目指すことにある。真に「長期雇用型キャリア」と対立するような「雇用流動型キャリア」の場合、そこで観察される流動性は、例えば中高年期の転職の一般化でなければならないだろう。しかし、今日の雇用流動性の実態はあくまでも若年期の初職離職傾向の高まりにとどまっている。

　これらの知見をサービス産業化と関連させると、1990年代以降徐々に認識されるようになっていた労働市場の雇用流動化は、産業構造の変化の中で初職継続傾向が弱いサービス産業のシェアが拡大していたことに一因があるといえる。本章の分析結果にもとづく限り、決して労働市場全体の雇用システムが「長期雇用型」から「雇用流動型」へと転換していたわけではない。むしろ、2つの雇用システムは今なお併存している。

　最後に、初職継続傾向の弱体化と若年初期キャリアの不安定化の含意について述べておく。最新の若年労働研究では、今日若年層の「仕事離れ（できれば仕事をしたくない）」傾向が高まっており、さらに正社員として初職継続している若年労働者において「自分に向いている仕事がわからない」と思い、職業選択に迷いを感じる人が増加していることが指摘されている（労働政策研究・研修機構　2022b）。本章で明らかにした初職継続傾向の弱体化と若年初期キャリアの不安定化は、こうした若年労働者の「仕事離れ」や職業選択の迷いの高まりと関連していると考えられる。いい換えれば、労働者自身が、学卒後に獲得した職業をその後の職業キャリアの始点として位置づけられるかということに不安を感じており、それが若年期の仕事探し活動を促進し、初職継続の弱体化に繋がっていると考えられる。このような初職継続の弱体化としての雇用流動性は、第2章で示されている、既存の長期雇用モデルに影響を与えない「新卒補完型」の中途採用と整合的である。また、第2章では、これと対称的なタイプとして、基幹的役割を担う管理職の外部調達や中途・新卒の分け隔てない活用をおこなう「新卒代替型」の中途採用も存在するが、それが「雇用流動型」の雇用システムの筆頭として既存の「長

期雇用型」の雇用システム駆逐するような変容は起きていないということも指摘された。「新卒代替型」の中途採用は、労働者個人のキャリアにおいては中高年期の転職として現れるだろう。すなわち、労働者個人のキャリアにおける地位達成のダイナミクスを考慮したうえで雇用システムの変容を捉えるには、若年期の初職離職（初職継続の弱体化）ではなく、この中高年期の転職が一般化しているか／していくかという問いを検討することが重要である。

参考文献

安部由起子（2011）「男女雇用機会均等法の長期的効果」『日本労働研究雑誌』No.615 pp.12-24.

石田賢示（2021）「初期キャリアの格差は縮小してゆくのか――「間断のある移行」の影響に着目して」渡邊勉・吉川徹・佐藤嘉倫編『少子高齢社会の階層構造2――人生中期の階層構造』東京大学出版会所収.

稲上毅（2005）『ポスト工業化と企業社会』ミネルヴァ書房.

今田幸子・平田周一（1995）『ホワイトカラーの昇進構造』日本労働研究機構.

岩脇千裕（2017）「新卒採用正社員の早期転職希望の背景」労働政策研究・研修機構編『『個人化』される若者のキャリア』労働政策研究・研修機構所収.

太田聰一（2010）『若年者就業の経済学』日本経済新聞出版社.

大沢真理（1993）『企業中心社会を超えて――現代日本を「ジェンダー」で読む』時事通信社.

香川めい（2011）「日本型就職システムの変容と初期キャリア――「包摂」から「選抜」へ？」石田浩・近藤博之・中尾啓子『現代の階層社会2――階層と移動の構造』東京大学出版会所収.

香川めい・西村幸満（2015）「若者の第2職の重要性――「初職からの移行」における現代の課題」『季刊・社会保障研究』51(1) pp.29-43.

苅谷剛彦（1991）『学校・職業・選抜の社会学――高卒就職の日本的メカニズム』東京大学出版会.

神林龍（2017）『正規の世界・非正規の世界――現代日本労働経済学の基本問題』慶應義塾大学出版会.

黒澤昌子・玄田有史（2001）「学校から職場へ――「七・五・三」転職の背景」『日本労働研究雑誌』No.490 pp.4-18.

玄田有史（2001）『仕事のなかの曖昧な不安――揺れる若年の現在』中央公論新社.

小池和男（1991）『仕事の経済学』東洋経済新報社.

小杉礼子（2003）『フリーターという生き方』勁草書房.

小杉礼子（2010）『若者と初期キャリア――「非典型」からの出発のために』勁草書房.

小林徹・梅崎修・佐藤一磨・田澤実（2014）「大卒者の早期離職とその後の転職先――産業・企業規模間の違いに関する雇用システムからの考察」『大原社会問題研究所雑誌』671・672 pp.50-70.

近藤絢子（2010）「失職が再就職後の賃金にもたらす影響の経済分析――先行研究の展望と今後の課題」『日本労働研究雑誌』No.598 pp.29-37.

佐藤香（2011）「学校から職業への移行とライフチャンス」佐藤嘉倫・尾嶋史章編『現代の階層社会1――格差と多様性』東京大学出版会所収.

佐藤嘉倫（2009）「現代日本の階層構造の流動性と格差」『社会学評論』59(4) pp.632-647.

白波瀬佐和子（2018）「2015年『社会階層と社会移動に関する全国調査（SSM調査）』実施の概要」保田時男編『2015年SSM調査報告書1　調査方法・概要』2015年SSM調査研究会所収.

菅山真次（2011）『「就社」社会の誕生――ホワイトカラーからブルーカラーへ』名古屋大学出版会.

竹ノ下弘久（2018）「管理職への到達をめぐる不平等――世代間移動と職業キャリアの視点から」

『日本労働研究雑誌』No.690 pp.18-30.

太郎丸博（2009）『若年非正規雇用の社会学——階層・ジェンダー・グローバル化』大阪大学出版会.

富永健一（1965）『社会変動の理論』岩波書店.

富永健一（1979）「社会階層と社会移動の趨勢分析」富永健一編『日本の階層構造』東京大学出版会、pp.33-87.

直井優（1990）「序論——社会階層研究の成果と課題」直井優・盛山和夫編『現代日本の階層構造 1　社会階層の構造と過程』東京大学出版会所収.

長松奈美江（2018）「階級・階層研究における多様な職業的地位尺度の比較分析」『日本労働研究雑誌』No.697 pp.18-28.

原純輔（2000）「近代産業社会日本の階層システム」原純輔編『日本の階層システム 1　近代化と社会階層』東京大学出版会所収.

原純輔・盛山和夫（1999）『社会階層——豊かさの中の不平等』東京大学出版会.

麦山亮太（2018）「職業経歴からみる階層生成過程に関する実証研究——転職経験に注目して」博士論文，東京大学.

守泉理恵・中村真理子（2021）「日本における結婚・出産とキャリア形成」永瀬伸子・寺村絵里子編『少子化と女性のライフコース』原書房所収.

森口千晶（2013）「日本型人事管理モデルと高度成長」『日本労働研究雑誌』No.634 pp.52-63.

森山智彦（2021）「初職の産業は転職にどう影響するか——サービス産業化時代における産業間移動研究」渡邊勉・吉川徹・佐藤嘉倫編『少子高齢社会の階層構造 2——人生中期の階層構造』東京大学出版会所収.

八代尚宏（1997）『日本的雇用慣行の経済学——労働市場の流動化と日本経済』日本経済新聞社.

吉田崇（2021）「女性のライフコースとキャリア形成格差」渡邊勉・吉川徹・佐藤嘉倫編『少子高齢社会の階層構造 2——人生中期の階層構造』東京大学出版会所収.

労働政策研究・研修機構編（2017）『日本的雇用システムのゆくえ』労働政策研究・研修機構.

労働政策研究・研修機構（2022a）『JILPT 調査シリーズ No.220　職業と生活に関する調査』労働政策研究・研修機構.

労働政策研究・研修機構（2022b）『労働政策研究報告書 No.213　大都市の若者の就業行動と意識の変容——「第 5 回 若者のワークスタイル調査」から』労働政策研究・研修機構.

Bell, Daniel (1973) *The Coming of Post-Industrial Society*, NY: Basic Books.

Blau, Peter Michael, and Otis Dudley Duncan (1967) *American Occupational Structure*. New York, NY: Free Press.

Esping-Andersen, Gøsta (1999) Social Foundations of Postindustrial Economies. Oxford, UK: Oxford University Press.

Rosenbaum, James E., Takehiko Kariya, Rick Settersten, and Tony Maier (1990) "Market and Network Theories of the Transition from High School to Work: Their Application to Industrialized Societies." *Annual Review of Sociology* 16:263-99.

Treiman, Daniel (1970) "Industrialization and Social Stratification," *Sociological Inquiry*, 40(2): 207-234.

第 5 章

雇用流動化と職業生活の豊かさ
──労働者個人の職業的地位達成への注目

田上　皓大

第 1 節　はじめに

　第 4 章では、大企業現役層の労働者個人のキャリアに注目しても、「長期雇用型」と「雇用流動型」の雇用システムの併存関係が存在するといえることを確認した。先行研究が指摘するように長期雇用慣行が完全に崩壊しているわけではないものの、サービス産業化によって「雇用流動型」の雇用システムがもたらすインパクトが大きくなっている。今後ますますサービス産業化が進行すると予想されるなか、「雇用流動型」の雇用システムが労働市場に与える影響についても注視する必要がある。また、従来日本の労働市場では、長期雇用慣行や、それを補完する新卒一括採用といった制度がもたらすメリットが重視されてきた。しかしながら、1990 年代以降はこうした諸制度の有効性に疑問が投げかけられることが多く、労働市場の流動化といった雇用システムの転換を主張する声も上がっている。以上のような、産業構造の変化による雇用システムの比重変化や雇用システム自体の転換を念頭において、「雇用流動型」の雇用システムの本質を見定める必要がある。

　本章では、第 4 章と同じように労働者個人のキャリアという視点に注目する。労働者個人のキャリアの視点から雇用システムを検討する際には、職業移動による地位達成という視点が重要である。「長期雇用型」の雇用システムのもとでは、労働者は学卒後最初についた仕事を長期的に継続し、同一企業内で昇進することによって職業的地位の向上を目指す。反対に、「雇用流動型」の雇用システムのもとでは、労働者は、典型的には企業間を跨ぐ転職によって、より地位の高い職業へ移動することを目指す。つまり、前者は内部労働市場を通じた職業移動、後者は外部労働市場を通じた職業移動を特徴としている。上記については、第 4 章第 2 節 2 項で詳しく論じているので適

宜参照されたい。

　第4章の後半では、今日の「雇用流動型キャリア」の実態が初職継続の弱体化（初職離職の増加）にあることを指摘したが、本章では初職離職という外部労働市場を通じた職業移動の影響に注目する。内部労働市場を通じた職業移動が実際に労働者の職業的地位の向上に貢献していることは多くの研究が示している。しかし、外部労働市場を通じた職業移動が労働者の地位達成に与える影響については十分に検討されていない。後述のように、いくつかの研究においては、外部労働市場を通じた職業移動による地位の向上はあまり生じていないとされている。本章においても、このような視点から初職離職という特徴をもつ「雇用流動型キャリア」と地位達成の関連を検討する。

　さらに、この関連が産業セクターによって異なっているかにも注意を払う必要がある。第4章で指摘したように、初職離職というキャリア自体は「長期雇用型」と「雇用流動型」セクターの両方で観察される。論理的に考えれば、初職継続が重視される「長期雇用型」セクターでは初職離職が不利に働き、初職継続が重視されない「雇用流動型」セクターでは初職離職が不利に作用することは少ないかもしれない。しかし、「雇用流動型」セクターの代表であるサービス産業の仕事の質の低さを指摘する研究もあり、初職離職というキャリアはサービス産業においてもより一層不利に働いている可能性もある。したがって、労働市場全体として初職離職がその後の職業生活における地位達成についてどのような影響を持っているかということのみならず、それが産業セクターによってどのように異なっているのかということにも注目する必要がある。

　以上を踏まえ、本章では、労働者の地位達成というプロセスからみて、初職継続の弱体化という特徴を持つ「雇用流動型キャリア」をどのように評価できるかを検討する。前章（第4章）と同様に本章においても、注目するのは大企業に勤める労働者のキャリアである。

第 2 節　「雇用流動型キャリア」の仕事の質とサービス産業化

1 「雇用流動型キャリア」の仕事の質

　労働者の地位達成プロセスとして、従来日本では内部労働市場を通じた職業移動を重視してきた。第 4 章第 2 節 2 項でも議論しているように、典型的な「長期雇用型」キャリアにおいては、労働者は学卒後最初についた仕事を長期的に継続し、同一企業内で昇進することによって労働者が自らの地位を向上させることが一般的である。それのみならず、長期的な教育訓練のなかで様々な職能を身につけることによって生じる昇給も労働者の社会経済的地位の向上に繋がっている。このような地位達成プロセスは新卒一括採用や企業内 OJT という諸人事労務制度によっても補完されている（森口 2013）。企業からの教育訓練や昇進の機会が十分に確保されている場合、このような内部労働市場を通じた職業移動は労働者の地位向上として有効に機能する。ただし、例えば中小企業労働者や女性労働者など、そのような機会が相対的に少ないものにとっては必ずしも内部労働市場を通じた職業移動が有効に機能するわけではない。

　対照的に、「雇用流動型キャリア」の典型例としての転職が労働者の地位達成にポジティブな影響を与えていると評価する研究は多くない。例えば、1965 年及び 1995 年の社会階層と社会移動全国調査（SSM 調査）を用いた研究によると、教育年数・経験年数・企業規模等を統制しても転職経験は現在の所得に対してマイナスの効果を持っていることが指摘されている（矢野・島 2000）。1985 年及び 1995 年、2005 年の SSM 調査を使用した研究でも同様の結果が得られているが、現在の職業を統制するとその効果は消えることが指摘されている（吉田 2011）。これは、転職経験自体によって現在の所得に負の影響がないにしても、転職経験が高い収入を得ることが出来る職業の獲得に繋がっていないと解釈できる。ただし、これらの研究は横断調査を使用したものであり、転職経験者と転職非経験者の所得の比較によって転職の効果を検討する分析には限界がある（樋口 2001）。

　パネルデータや職歴データを用いて、転職の効果をより厳密に検討した麦山（2018）によると、転職経験は、転職前後での短期的な賃金低下をもたら

すのみならず、転職後の賃金上昇も抑制するということが指摘されている。この要因として、麦山（2018）では、やはり日本においては内部労働市場を通じた職業移動が重視されており、転職によって企業特殊的人的資本の喪失が生じることや、転職が能力の低さや離職率の高さのシグナリングとして機能するために、採用の賃金やその後の賃金上昇の機会に乏しくなる、ということが挙げられている。それのみならず、転職経験は、安定した正規雇用や管理職の獲得という面でも不利であることも指摘されている（麦山 2018）。

　以上のことから、「雇用流動型キャリア」における地位達成の機会はかなり限定的であり、その仕事の質は、「長期雇用型キャリア」のそれと比べて相対的に劣っているといえる。先行研究の知見にもとづく限り、「雇用流動型キャリア」によって労働者の職業生活が豊かになっているとはいえない。しかし、先行研究の議論は異なる2つのタイプの労働市場が併存していることを踏まえておらず、暗黙のうちに製造業等の「長期雇用型」の人事管理を念頭におき、その枠組みをサービス産業にも適用しているところがある。

2　サービス産業における仕事の質

　サービス産業化に伴う仕事の質の変化に関しては2つの異なる考えが存在する。サービス産業化の古典的な論者である Bell（1973）は、産業構造の変化によって仕事のアップグレードが生じていると述べている。第4章第2節1項でも議論しているように、サービス産業化は、製造業における ME 化や IT 化などの技術革新によって生じる。この技術革新によって情報通信技術の重要性が高まり、工業社会に中心的役割を果たしていた半熟練・熟練職業の需要が低下し、反対に「専門的な知識や情報」を扱うことができる職業、つまり高度専門・技術職の需要が急速に高まる。それをもって Bell（1973）は、サービス産業化社会は「技術系知識階層（テクニカル・インテリゲンチャ）」が台頭する知識社会であるとしている。以上のように、Bell（1973）が考えるサービス産業化では、技術革新に伴って、マニュアル職から高度専門・技術職への職業構造のアップグレードが起きるため、仕事の質それ自体も向上すると考えられる。

　しかしながら、上記のような考えを楽観主義だとして、サービス産業化に

よる仕事の質の低下を指摘する研究もある。その代表格である Esping-Andersen（1999）では、 Bell（1973）が想定するような高度専門・技術職優位の知識社会は、大量のアウトサイダーの創出や仕事の質の低いサービス職の大量増加との引き換えによってしか達成されないと指摘する。このジレンマは、以下で述べる、サービス産業化が抱える 3 つの特性に起因している（Esping-Andersen 1999）。

　第 1 に、サービス産業化によって増加するのは高度専門・技術職のみではないという事実である。社会分業という視点からみたとき、産業・職業構造の変化は経済活動における役割の分化という形で生じる（Durkheim 1893）。確かに情報通信技術の革新によって第三次産業や高度専門・技術職は増加するが、これは典型的には企業の経済活動において必要とされる会計業務や開発業務が外注（アウトソース）されることによって発展している。一方で、家庭における家事などの再生産活動が外注されることによって発展しているのがサービス産業である。したがって、サービス産業化においては、企業の経済活動と家庭の再生産活動の両者が外注されるため、高度専門・技術職のみならずサービス職の増加にも注目する必要がある。

　第 2 に、増加するサービス職はその労働の性質上賃金が低いということである。「コスト病」として知られるように、労働集約的なサービス職は今のところ技術代替が難しく、長期的にみてサービス産業の労働生産性は改善しにくい。そして、労働生産性の改善によって利益を獲得できないサービス産業では、労働者の賃金（人件コスト）を極限まで下げようとするインセンティブが働きやすい。このような「コスト病」の存在によって、サービス職の仕事の質は低下してしまう。

　第 3 に、サービス産業の発展に関連している女性労働者の就業選択の問題である。サービス産業の発展においては、ケア労働の脱家族化によって女性の就業率が上がったことも重要な役割を担っている。サービス産業化・脱工業化の過程では、国家や市場によってケア労働を代替するサービスが提供されることによって、ケア労働から女性が解放され、女性の労働市場参入が促進される。家計の経済という側面からみたとき、この時の女性の就業選択においては国家や市場によって提供されるケア労働サービスの価格が重要であ

る。仮にケア労働サービスが高価である場合、女性がそうしたサービスを購入してまで労働市場に参入することの経済合理性は小さくなってしまう。つまり、ケア労働サービスの購入が安価で簡便であるほどケア労働の脱家族化が進むが、それによってサービス職の賃金はますます低くなってしまう。

　以上のように、サービス産業化のもとでは、高度専門・技術職の需要が高まる一方で、仕事の質が低い職業も創出される。さらに、今日の多くの先進国でのサービス産業化は、このような不熟練労働者を多く抱えるサービス産業の雇用増加によって生じているのが実態である（Esping-Andersen 1999）。事実、いくつかの研究では、日本のサービス産業やサービス職の仕事の質も低いことが指摘されている（長松 2016, 2021）。この要因としては、例えば、アメリカと比べると日本では、企業の会計業務などの外注を担う高度専門的なサービス産業の発展が立ち遅れており、むしろにオフィスの清掃などの不熟練労働を中心とするサービス産業のほうが発展していることが指摘されている（飯盛 2016）。

❸　問い：「雇用流動型キャリア」と職業生活の豊かさの関連

　上述の議論によれば、「長期雇用型キャリア」と比較した場合、「雇用流動型キャリア」における職業生活がより豊かであるということは考えにくい。さらに、サービス産業の仕事の質が低いということからも、「雇用流動型」セクターにおいて、初職離職という「雇用流動型」キャリアの職業生活がより豊かになるということも考えにくい。こうした事実から、「雇用流動型」キャリア及び「雇用流動型」セクターが第二次部門（secondary）的なキャリア・労働市場とみなされてしまっても不思議ではない。従来、労働市場には、仕事における教育・学習機会が豊富で、雇用・賃金体系が制度化されている第一次労働市場（primary）と、学習機会に乏しい「行き止まりの仕事」が多く、雇用・賃金体系が制度化されていない第二次労働市場の二重構造が存在することが指摘されてきた（石川・出島 1994）。この二重構造論は典型的には大企業と中小企業の格差を説明するために用いられることが多かったが、産業セクター間や労働者個人のキャリア間に対しても応用可能である。

　以上を踏まえ、本研究では、産業セクターの違いに注目して、「雇用流動

型キャリア」と職業生活の豊かさの関連について検討する。職業生活の豊かさを捉えるうえで重要な変数が年収である。上述の議論によれば、「雇用流動型キャリア」の収入は高くなく、それは「雇用流動型」セクターにおいても同様であることが予想される。さらに、収入という客観的な職業生活の豊かさの指標に付け加えて、本章では仕事満足度と失業不安にも注目する。「雇用流動型キャリア」が完全にセカンダリーであるとすれば仕事に関する主観的な価値観に関しても質の低さが表れるはずである。職業生活に関して2つの側面から検討することで、「雇用流動型キャリア」が抱える問題がより明確になる。

第3節　分析方法

　使用するデータは第4章と同じ職業生活調査である。注目するサンプルは、第4章とはやや異なり、30〜59歳で現職が正規雇用かつ大企業（300人以上）の労働者である。大企業と中小企業における仕事の質の違いは多くの研究で指摘されており、本章の関心は産業セクター間とキャリア間の違いにあるため、ここでの分析は大企業に限定している。

　産業セクター変数は、第4章で類型化した「長期雇用型」と「雇用流動型」である。各産業との対応を第5-3-1表に示した。後述の収入・仕事満足度・失業不安が現職での情報のため、本章では現職の産業セクターを用いている。第4章で明らかにしたように産業間の転職はあまり多くないため、現職の産業セクターに注目しても第4章の分析結果との整合性は取れているとみなしている。

第5-3-1表　産業セクター

セクター	産業
長期雇用型	製造業、建設業、金融・保険業、不動産・物品賃貸業、運輸・郵便業、情報通信業・マスコミ
雇用流動型	卸売業、小売業、宿泊業・飲食店・娯楽業、その他サービス業、医療・福祉、教育・学習支援、専門サービス業

出所）筆者作成。

187

労働者のキャリア変数についても第4章と同じように、個人の職歴情報を用いて初職継続かどうか（転職経験の有無）に注目して、「初職継続」と「転職経験」の2つのカテゴリーとする。

アウトカム変数は、第1に労働者の個人年収である。年収は、現在の主な仕事についての2018年1月～12月の収入額である。20の区間カテゴリーから1つ選択する形式になっており、各区間の中間値を分析に用いる[1]。

第2に仕事満足度である。仕事満足度は、「あなたは、現在の仕事にどの程度満足していますか」という問いに対して、「満足」「やや満足」「やや不満」「不満」という回答によって測定されており、ここでは「満足している」と「不満がある」の2つにカテゴリー化する。

第3に失業不安である。失業不安は、「今後1年間以内に失業する不安はありますか」という問いに対して、「ある」「ややある」「あまりない」「ない」という回答によって測定されており、ここでは「ある」と「ない」の2つにカテゴリー化している。

第4節　分析結果：
転職経験者の仕事満足度・失業不安・年収

1　仕事満足度と失業不安の分析結果

まず、仕事の質の主観的側面の結果から確認する。第5-4-1図に仕事満足度の結果について示した。ここでは性別によって異なる結果が表れている。現職が「長期雇用型」セクターの男性の場合、初職継続者の約65％が現在の仕事に満足しており、転職経験者では約52％となっている。

一方で、「雇用流動型」セクターの男性では、初職継続者の約65％が、転職経験者の約56％が現在の仕事に満足している。男性の場合、どちらのセクターにおいても、初職継続者のほうが10％ポイント以上仕事満足度が高い。また、どちらかといえば「長期雇用型」セクターにおける差が大きく、長期雇用型セクターの転職経験者の仕事満足度が最も低い。

1　区間カテゴリーの詳細については労働政策研究・研修機構（2022a）の付録調査票を参照されたい。

第5-4-1図　性別・セクターごとのキャリア別仕事満足度

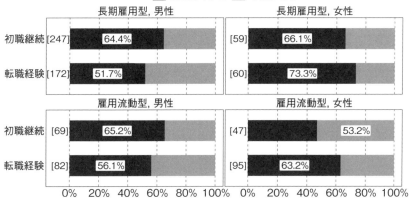

現在の仕事に
■ 満足している　■ 不満がある

注）大企業の30～59歳に限定。
　　括弧内はN数。
　　過半数以上の値のみラベルを表示。
出所）職業生活調査より筆者作成。

　反対に、女性の場合、どちらのセクターにおいても転職経験者のほうが仕事満足度が高くなっている。「長期雇用型」セクターでは、初職継続者の約66%が、転職経験者の約73%が現在の仕事に満足している。一方で、「雇用流動型」セクターでは、初職継続者の約47%が、転職経験者の約63%が現在の仕事に満足している。すなわち、「雇用流動型」セクターの初職継続者の仕事満足度が最も低い。

　第5-4-2図に失業不安の結果を示した。全体的に失業不安を感じている人は多くないが、ここではセクター間の違いのほうがやや目立っている。「長期雇用型」セクターの男性では、初職継続者の約8%（=100-91.9）が、転職経験者の約14%が今後1年以内に失業する不安があると感じている。女性でも同様に、初職継続者の約5%（=100-95）、転職経験者の約13%が失業不安を感じている。その差自体は6～8%ポイントとかなり小さいが、男女ともに長期雇用型セクターでは転職経験者の失業不安が若干高くなっている。

　反対に、「雇用流動型」セクターではそのようなキャリア間の違いはほと

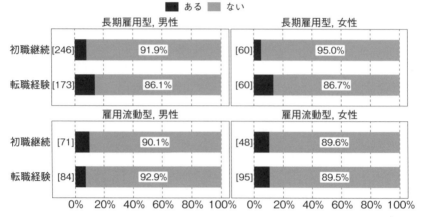

第 5-4-2 図　性別・セクターごとのキャリア別失業不安

今後1年以内に失業する不安が

■ ある　■ ない

注）大企業の 30 ～ 59 歳に限定。
　　括弧内は N 数。
　　過半数以上の値のみラベルを表示。
出所）職業生活調査より筆者作成。

んどなくなっている。男性の場合、初職継続者の約 10％が、転職経験者の
約 7％が失業不安を感じており、女性の場合、両者ともに約 10％が失業不安
を感じている。このように、「雇用流動型」セクターにおいてはキャリア間
の差異が小さくなっている。

2　年収の分析結果

　次に、仕事の質の客観的な側面として、第 5-4-3 図に示した年収の分析結
果を確認する。年収の分析結果は箱ひげ図[2]によって示しており、図中の三
角形は平均値を意味している。全体的に初職継続者のほうが年収が高いこと
がわかる。

　「長期雇用型」セクターの男性の場合、初職継続者の年収の平均値が 800
万円弱で、中央値が約 700 万円となっており、転職者では平均値と中央値と
もに約 600 万円となっている。平均値と中央値でみて、初職継続者は転職経

2　箱ひげ図の説明に関しては第 4 章の脚注 2 を参照されたい。

第 5-4-3 図　性別・セクターごとのキャリア別年収

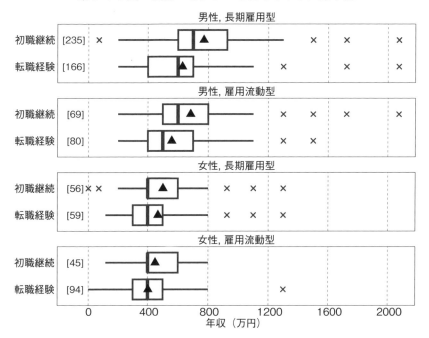

注）大企業の 30 ～ 59 歳に限定。
　　括弧内は N 数。
　　図中の三角形は平均値、箱の左辺が第 1 四分位数、右辺が第 3 四分位数、中央の太線が第 2 四分位数（中央値）、下限
　　のひげが最小値から第 1 四分位数、上限のひげが最大値から第 3 四分位数、両端のバツ印が外れ値を示している。
出所）職業生活調査より筆者作成。

験者よりも 100～200 万円程度年収が高い。平均値と中央値だけではなく、各分位数をみても初職継続者の年収のほうが高いことがわかる。初職継続者においては中央値から第 3 四分位数までの距離が大きく、年収がより高い層が一定数存在している一方で、転職経験者においては第 1 四分位数から中央値までの距離が大きく、年収がより低い層の存在が目立っている。

　「雇用流動型」セクターの男性の場合も同様に初職継続者のほうが分布全体でみて年収が高くなっている。初職継続者の年収の平均値が約 700 万円で、中央値が約 600 万円となっており、転職経験者では平均値が約 550 万円、中央値が約 500 万円となっている。平均値と中央値でみて、初職継続者のほうが年収が 100～150 万円ほど高い。また、その他の各分位数において

も初職継続者のほうが高くなっている。

　男性の年収の平均値と中央値に注目してみると、高い順に、「長期雇用型」の初職継続者＞「長期雇用型」の転職経験者≒「雇用流動型」の初職継続者＞「雇用流動型」の転職経験者となっている。すなわち、年収という面においては、「雇用流動型」セクターにおける転職経験者が最も不利を被っている。ちなみに、「長期雇用型」の転職経験者と「雇用流動型」の初職継続者は年収の平均値と中央値が同程度であるが、分布に注目すると前者が年収のより低い層に引っ張られており、後者が年収のより高い層に引っ張られていることがわかる。こうした点に注目すると、初職継続者の年収分布はより高い層に広がりを持っているという意味でも、転職経験者よりも質が良いといえるだろう。

　女性の年収の場合は分位数が重なっている部分があり、きれいに読み取ることが難しいが[3]、全体を通して、男性の結果よりはセクター間及びキャリア間の差異は小さいようにみえる。「長期雇用型」では、初職継続者の平均値が約 500 万円で、中央値が約 400 万円となっており、転職経験者の平均値が500 万円弱で、中央値が約 400 万円となっている。「雇用流動型」では、初職継続者の平均値が約 450 万円で、中央値が約 400 万円となっており、転職経験者の平均値と中央値が約 400 万円となっている。いずれの場合でも女性の年収の平均値と中央値は 400〜500 万円の間に収まっており、セクターやキャリアによる違いはかなり小さいものの、初職継続者のほうが年収が高いという結果自体は男性の場合と同様である。

　個人の賃金に影響を与える要因として役職や職位が重要である。第 4 章第2 節 2 項及び本章第 2 節 1 項で議論しているように、初職継続キャリアでは初職で就いた企業内における重要なポストへの職業移動である昇進を通して個人の職業的地位の上昇が達成される。当然、この職業的地位の上昇移動は収入の増加にも繋がる。反対に、転職経験（初職離職）キャリアの場合、同

3　ここで女性の年収分布の第 1 四分位数と中央値が約 400 万円で重なっているのは、この値に多くのケースが集中しており、分布の偏りが大きいためである。特に「長期雇用型」の初職継続キャリア及び「雇用流動型」の初職継続キャリアの女性正社員のサンプルサイズが小さく、また年収変数がカテゴリカル変数の中間値を使用していることによって、特定の値への偏りが生じてしまっているためである。

一企業内での昇進ではなく、企業間での転職の際に、より地位が高い職業へ移動することによって上昇移動が達成される。先行研究においては転職経験は管理職獲得に対しても不利であることが指摘されているが（麦山 2018）、同一役職・職位に限定すれば、上述の年収に関する転職経験キャリアの不利も小さくなる可能性がある。つまり、その場合年収に関する初職継続キャリアの有利さは昇進の違いによって説明できることになる。

　第 5-4-4 図に男性の役職別の年収分布を示した。女性の管理職者はケース数が小さいため、ここでは男性の結果のみ表示する。役職は、現職が管理的職業であるもの、または現職の役職が課長相当職・部長相当職の場合に「課長以上」とし、それ以外を「係長以下・無回答」としている。ここで「無回

第 5-4-4 図　役職・セクターごとのキャリア別年収（男性）

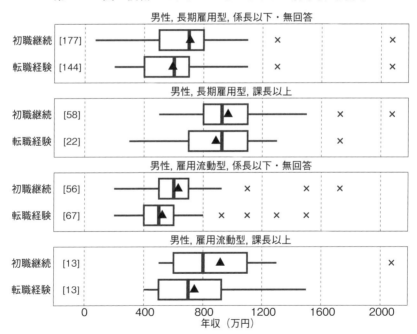

注）大企業の 30 ～ 59 歳に限定。
　　括弧内は N 数。
　　図中の三角形は平均値、箱の左辺が第 1 四分位数、右辺が第 3 四分位数、中央の太線が第 2 四分位数（中央値）、下限のひげが最小値から第 1 四分位数、上限のひげが最大値から第 3 四分位数、両端のバツ印が外れ値を示している。
出所）職業生活調査より筆者作成。

答」を含めているのは主に分析のケース数を確保するためであるが、この「無回答」は実質的には「役職無し」や「昇進制度がない」という回答に近いとみなしている。

　詳細の数値については省略するが、管理職層と非管理職層では異なる結果がみられている。非管理職層では、両セクターにおいて転職経験者のほうが年収が低いという、これまでと同様の結果が得られている。一方、「長期雇用型」セクターの管理職層の場合、2つのキャリア間の年収分布の差は小さくなっており、第1四分位数以下では転職経験者のほうが低くなっているものの、中央値と第3四分位数は全く同じである。それとは対照的に、「雇用流動型」セクターの管理職層の場合、各四分位数及び平均値、いずれの指標においても転職経験者のほうが年収が低いという結果になっている。なお、「雇用流動型」セクターの管理職層はケース数が非常に小さく、この差を積極的に解釈するのはやや危険であるが、学歴・年齢・配偶状態という基礎的な変数を統制してもなお、この平均値の差は有意である（多変量解析の結果は省略）。もちろん、「雇用流動型」セクターにおいても管理職層のほうが非管理職層よりも年収が高く、昇進によって収入も増加していることは確かである。しかし、特に「雇用流動型」セクターの転職経験者においては、仮に昇進したとしても初職継続した管理職層よりは収入が低いということがわかる。

　ただし、第5-4-3図及び第5-4-4図からは、特に男性において、一部の「雇用流動型」の転職経験者は上昇移動を達成していることもわかる。第5-4-3図の「男性、雇用流動型」の結果では、初職継続者と転職経験者で箱ひげ図のひげの右端（分布の最大値）に差はない。さらに、第5-4-4図の「男性、雇用流動型、課長以上」の結果では、むしろ転職経験者のほうが初職継続者よりもひげの右端が大きな値を取っている。この知見は、「高い処遇を享受する豊かな『雇用流動層』」を描いた第2章補論の議論とも整合的である。しかし、そこでも述べられているように、こうした豊かな雇用流動層は労働市場におけるニッチな存在であり、一つのまとまった社会集団として形成されているわけではない。この2つの図の結果は、「雇用流動型」セクターにおいても職業的地位の上昇移動を経験しているのは基本的には初職

継続者であること示している。第2章では、旅行業やシンクタンクなどの非製造業の企業においても中核人材の内部登用が浸透している場合があることが示されているが、本章の分析結果もその知見と整合的である。

3　小括：職業生活意識に関する補足的分析

本節の分析結果を整理しておく。

1)　仕事満足度に関しては、男性では初職継続者のほうが高く、女性では転職経験者のほうが高い。

2)　失業不安に関してはやや差が小さくなるが、男女ともに「長期雇用型」セクターにおいてのみ転職経験者のほうが高い。

3)　年収に関しては、いずれのセクターにおいても転職経験者のほうが低い。

4)　管理職層の男性に限定した場合、「長期雇用型」セクターではキャリア間の差異がほぼ消滅するものの、「雇用流動型」セクターでは転職経験者の不利が残っている。

以上から、明らかに男性においては転職経験キャリアにおける仕事の質が低いということがいえる。知見にやや矛盾があるのが女性の結果である。女性は、失業不安と年収に関しては、男性と同様に、転職経験キャリアの仕事の質の低さが観察されていたが、仕事満足度のみ転職経験者のほうが高いという結果が得られた。この女性の転職経験者の結果に関しては、ライフイベントに起因する転職かによっても解釈が異なってくるため、本章で積極的に解釈することは控え、今後の研究課題として位置づけておく。

最後に、以上の仕事に関する分析結果を踏まえ、労働者の職業生活意識に関する補足的な分析を行う。職業生活意識は、「Ａ：1つの会社に長く勤めてその会社で待遇を上げる」と「Ｂ：より良い労働条件を求めて転職を繰り返す」の2つについて、どちらの考えに近いかを回答してもらう形式によって測定されている。Ａに近いと回答している場合を「定着志向」、Ｂに近いと回答している場合を「流動志向」とする。

この労働者の職業生活意識はそのまま「長期雇用型」と「雇用流動型」の雇用システムとの親和性を捉えている。重要な点は、Ｂの「流動志向」は、

本章及び第4章で扱っている初職離職としての「雇用流動型キャリア」よりも、より「流動的な」キャリアへの志向性を捉えているということである。第4章では、今日観察されている「雇用流動型キャリア」の実態は単に初職離職であり、「流動的な（回数の多い）」転職ではないということを示した。初職離職を経験した場合でもその後の長期的な勤続を望んでいる場合「定着志向」を支持することになる。このように、労働者の職業生活意識として「定着」と「流動」のどちらを支持するのかを確認することによって、転職経験キャリアの評価をより明確にできる。

　第5-4-5図に職業生活意識の分析結果を示した。これによると、性別・セクター・キャリアによらず、基本的には「定着志向」を支持する労働者のほうが多いことがわかる。ただし、いずれの性別・セクターにおいても転職経験者では「流動志向」の割合が多くなり、特に男性ではその傾向が強くなっている。しかしながら、ここで重要なのは、転職経験者の少なくとも7割弱

第5-4-5図　性別・セクターごとのキャリア別職業生活意識

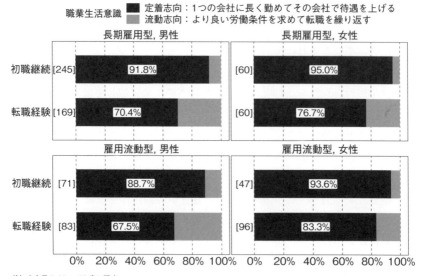

注）大企業の30〜59歳に限定。
　　括弧内はN数。
　　過半数以上の値のみラベルを表示。
出所）職業生活調査より筆者作成。

196

は現職の企業への定着を望んでいるということである。必ずしも多くの人が「流動的な（回数の多い）」転職を望んでいるわけではなく、企業への定着を考えているという事実は、今日観察されている「雇用流動型キャリア」の実態が初職離職であるという知見とも整合的である。

第 5 節　考察：セカンダリーとしての「雇用流動型キャリア」

　本章では、「雇用流動型キャリア」における職業生活が豊かなのかということを検討してきた。主な知見は前節の最後にまとめた通りであるが、本章の分析結果からは「雇用流動型キャリア」における職業生活が豊かであるとはいえず、先行研究の知見通り、「雇用流動型キャリア」における地位達成の機会は制限されている。特に経済的な生活保障（収入）という側面で転職経験キャリアは明らかに不利であり、さらに、「雇用流動型」セクターの男性ではたとえ管理職へ昇進したとしてもその不利が残存している。この収入面での不利が男性転職経験者の仕事満足度の低さに繋がっている部分もあるだろう。

　また、前節末尾の分析でみたように、多くの労働者はたとえ転職を経験していたとしても 1 つの企業への定着を望んでいる。一方で、実態としては、第 4 章でみたように、労働市場全体における初職継続の割合は極端に高いわけではなく、転職経験者のほうがマジョリティである。ただし、その転職の実態は「繰り返しの転職」ではなく「初職離職」である。これらの知見を合わせると、今日の雇用流動性の実態は、「1 つの企業への定着を望んでいるものの、学卒後就いた仕事（初職）にそうした希望が見出せない」という状況によって引き起こされていると解釈できる。第 4 章で示した通り、これは初職継続の弱体化であり、繰り返しになるが今日の若年初期キャリアの不安定化として指摘されていることと整合的である（小杉 2010; 労働政策研究・研修機構 2022b）。

　「雇用流動型キャリア」の問題は、それが労働者の職業的地位の向上に繋がっていないという点である。職業的地位獲得における不平等は、初職継続者に比べたときの収入の低さに表れている。したがって、「雇用流動型キャ

リア」をポジティブに評価することは難しい。先行研究の指摘通り、やはり初職離職・転職経験キャリアはセカンダリーなものとして位置づけざるを得ない。

さらに、そうしたキャリアは、サービス産業などが含まれる「雇用流動型」セクターにおいても、なおセカンダリーなポジションにある。仮に、サービス産業や初職離職というキャリアがセカンダリーな労働市場・キャリアである場合、政策的な介入としては、やはり製造業を中心とする「長期雇用型キャリア」を推奨していくべきなのであろうか。

いくつかの研究においては、「長期雇用型キャリア」の１つの特徴である年功賃金制度のメリットは近年徐々に小さくなっていることが指摘されている（大湾・佐藤 2017）。この事実は、内部労働市場を通じた職業移動による地位達成の機会も徐々に小さくなっている可能性があるということを示唆している。企業としても、従業員の高齢化に伴って人件費が高騰してしまう年功賃金制度を今後も無条件に維持していくことは難しいだろう。そもそも、1990 年代以降の雇用改革論においては、当時の経済低成長から脱却できない１つの要因として日本的雇用慣行が批判をうけ、その代替案として雇用流動化に注目が集まっていた。

さらに、サービス産業化という不可逆的な社会変動のゆくえを見据えれば、将来の経済社会においても製造業が経済活動の中心を担っていけるかは確実ではない。もちろん、近年は「インダストリー 4.0」といわれているように最新の情報通信技術の登場に伴って製造業も発展を続けており、完全に消滅することは考えにくい。しかし、同じように将来的に第三次産業やサービス産業のウェイトを縮小するという方向も現実的ではない。

本章では、こうした状況を解決する起死回生の政策的介入を提言するには至っていないが、少なくとも、今日観察されている「雇用流動型キャリア」を「長期雇用型キャリア」の代替案として推進していくべきではない、ということはいえる。初職継続の弱体化としての雇用流動性は労働者個人の職業的地位の向上には結びついていない。そもそも、どのような形であれ、職業的地位の向上に繋がるキャリアが労働者にとっては望ましいはずである。本章が示唆しているのは、今現在観察されている「雇用流動型キャリア」に答

えを求めるのではなく、「長期雇用型キャリア」と同程度の職業生活の豊か
さや職業的地位の向上を享受できるような、新しい働き方を生み出す政策的
な仕掛けを検討することの必要性である。

参考文献

飯盛信男（2016）「サービス産業の拡大と雇用」『日本労働研究雑誌』No.666 pp.5-15.
石川経夫・出島敬久（1994）「労働市場の二重構造」石川経夫編『日本の所得と富の分配』東京大学出版会所収.
大湾秀雄・佐藤香織（2017）「日本的人事の変容と内部労働市場」川口大司編『日本の労働市場——経済学者の視点』有斐閣所収.
小杉礼子（2010）『若者と初期キャリア——「非典型」からの出発のために』勁草書房.
長松奈美江（2016）「サービス産業化がもたらす働き方の変化——『仕事の質』に注目して」『日本労働研究雑誌』No.666 pp.27-39.
長松奈美江（2021）「対人サービス労働者の『仕事の質』」渡邊勉・吉川徹・佐藤嘉倫編『少子高齢社会の階層構造 2——人生中期の階層構造』東京大学出版会所収.
樋口美雄（2001）『雇用と失業の経済学』日本経済新聞社.
麦山亮太（2018）「職業経歴からみる階層生成過程に関する実証研究——転職経験に注目して」博士論文，東京大学.
森口千晶（2013）「日本型人事管理モデルと高度成長」『日本労働研究雑誌』No.634 pp.52-63.
矢野眞和・島一則（2000）「学歴社会の未来像——所得からみた教育と職業」近藤博之編『日本の階層システム 3——戦後日本の教育社会』東京大学出版会所収.
吉田崇（2011）「初期キャリアの流動化と所得への影響」佐藤嘉倫・尾嶋史章編『現代の階層社会 1——格差と多様性』東京大学出版会所収.
労働政策研究・研修機構（2022a）『JILPT 調査シリーズ No.220　職業と生活に関する調査』労働政策研究・研修機構.
労働政策研究・研修機構（2022b）『労働政策研究報告書 No.213　大都市の若者の就業行動と意識の変容——「第 5 回　若者のワークスタイル調査」から——』労働政策研究・研修機構.
Bell, Daniel (1973) *The Coming of Post-Industrial Society.* NY: Basic Books.
Durkheim, Émile, (1893) [1960] *De la division du travail social* Presses Universitaires de France.（田原音和訳（1971）『社会分業論』青木書店）
Esping-Andersen, Gøsta (1999) *Social Foundations of Postindustrial Economies*, Oxford, UK: Oxford University Press.

終章　雇用流動化のゆくえ

西村　純・池田　心豪

第1節　オルタナティブかセカンダリーか

　今日の日本社会では、若年期・壮年期を中心に雇用流動化が進んでいる。それは、広義のサービス業の拡大という産業構造の変化によって引き起こされている面がある。その意味で、日本社会の雇用流動化は不可逆である。

　問題はその雇用流動化が、企業にとって中核的な人材において起きているのか、労働者にとって豊かな経済生活を享受しうる機会の拡大につながっているのかというところにある。

　反対に、企業にとって周辺的な労働者や経済的に恵まれない働き方での雇用流動化は、かつても中小企業や非正規雇用者を中心に広くみられた。サービス業の拡大にともなう雇用流動化も同様であるなら、それは下位（secondary）の労働市場が拡大しているだけだと評価せざるを得ない。

　つまり、かつて製造業を中心に望ましい働き方として日本の労働市場の範型になっていた長期雇用に取って代わられるオルタナティブとしての雇用流動化が拡大しているといえるのかが、本書の問題関心であった。

　その答えを探求してきた各章の分析結果から得られる労使に対する経済的メリットにかかわる知見を端的に要約すれば以下のようになる。

1)　新規事業のゼロからの立ち上げ等、企業を新たな成長に導くことが期待される行為を担う人材は、中途採用ではなく内部調達によって確保されている。事業展開の速度が速い企業では、中途採用による外部調達は逆にスピードを落とすことにもなる。新興企業も新卒採用市場から高いポテンシャルを有する人材を確保しようとしている。

2)　企業にとって基幹的な業務を担う管理職候補となる人材を新卒採用で

確保できる場合は、中途採用より、新卒採用・内部育成の方が合理的である。高い処遇を得ている「流動人材」はそのような人材のサポート役として位置づけられている。

3) 不確実性が大きく失敗のリスクが高い業務を遂行するうえで、長期雇用のもとで内部人材を活用することに一定の合理性がある。理由の1つとして、失敗のリスクを恐れない行動を促すうえで、雇用保障と能力主義にもとづいた処遇制度が適していることが挙げられる。

4) 労働者にとっても長期勤続の経済的メリットは大きい。転職が活発なサービス業においても転職経験者より初職継続者の方が収入は高い。

5) 中途入社の管理職よりも内部昇進の管理職の方が収入は高い。転職を通じたキャリア形成よりも、内部昇進を通じたキャリア形成の方が、収入の上昇をもたらす可能性が高い。

結論として、労使双方の経済的メリットという点で「長期雇用型」の労働市場に取って代わる「雇用流動型」の労働市場が拡大しつつあるとはいえない。その意味で、サービス業の拡大にともなう雇用流動化は、オルタナティブな労働市場の萌芽とみなすことはできない。それよりもセカンダリーな労働市場の拡大だという評価が妥当なようにも思われる。この点を労働市場の階層性といえるかどうかはわからない。いずれにせよ、少なくとも「長期雇用型」と「雇用流動型」は互いに併存しており、「棲み分け」の状態にあるといえる。これが労働市場の構造面に関する本書の結論である。

ところで、長期雇用慣行には、実態として「そうである」という側面と規範として「そうであることが望ましい」という側面がある。前者の実態としての長期雇用は縮小傾向にあるが、後者の規範としての長期雇用は、今なお根強いといえる。それは保守的な価値規範や倫理的な美徳の問題ではなく、単純に長期勤続の方が労使双方にとって経済的メリットが大きいからだと考えられる。

だが、このように長期雇用のメリットを強調することは、厳密にいえば正しくない。1つは、労働政策研究・研修機構編（2017）で明らかにしている

ように、OJT を通じた長期的な人材育成や、年功的な賃金カーブに代表される長期勤続のメリットは低下している。長期雇用は、これがカバーする就業者数という量的側面だけでなく、これによって得られる待遇という質的な意味でも退潮傾向にある。

　もう 1 つは、時代から取り残されつつある雇用慣行であっても、そこに一定の経済合理性を当事者が見出すこともあるからである。第 1 章で言及した戸塚たちは、戦後間もない頃の日本において製造業ブルーカラーが目指すべき世界と想定されていた「近代的賃金労働者」の国であるイギリスの職場において、1970 年代も前時代的な遺物と思われていた出来高賃金制が職場の望ましい賃金制度として定着していたことを、驚きをもって伝えている。と同時にイギリスの労使当事者が出来高賃金制について、一定の合理性があることを認識していたことも指摘する。

「たとえば、自動車の事例調査から明らかにした伝統的な出来高賃金制。私たちは、それが 1970 年代初頭にいたるまで存在していたことに驚き、（中略）調査報告で詳論したように、高い賃金率を求めての横断的な職場交渉が、経営側にさまざまな不都合をもたらしていたことは事実である。（中略）だが、果たして出来高賃金制とそのもとでの職場規制は、実際に、それ自体として生産制限的であったのかどうか。むしろ全く逆に、現場の監督者を含む大多数の労使関係当事者は、部分的な弊害を除去さえすれば、それが充分に合理的な制度として機能しうるものと意識していたのではなかったか」（戸塚他 1988 p.318）。

　こうした過去の知見が教えてくれることは、たとえ特定の諸制度に対して企業内の労使当事者が経済合理性を有している（例えば生産性を高める制度であると考えていた）としても、それが経済社会に中長期的な「豊かさ」をもたらすとは必ずしもいえないことである。その意味で長期雇用慣行が望ましい「解」なのかどうかは、慎重な判断を要する。

　それでもなお、現時点において長期雇用にメリットがあるようにみえるのは、「雇用流動型」の労働市場から得られるメリットが、それだけ小さいか

らだという結論になる。企業にとっては、中途採用市場より新卒採用市場の方が良質な人材を確保できる機会に恵まれている。新卒採用した人材が「百点満点」ということではないかもしれないし、内部育成が上手くいっていないことがあるかもしれない。しかし、だからといって、では中途採用でもっと良い人材をすぐに調達できるかというと、そういうわけでもない。労働者にとっても同じで、新卒採用で入った初職の勤務先に満足しているわけではないかもしれないが、だからといってより良い転職機会があるかというと、そういうわけでもない。あえて乱暴な言い方をするとすれば、目の前の選択肢として、長期雇用の方がマシだということではないだろうか。

　そのように考えると、「長期雇用型」と「雇用流動型」の労働市場に上位か下位かという序列をつけること自体があまり意味のないことだともいえよう。どちらにしても、日本経済を活性化し、労働者の経済生活を豊かにするという期待はもてない。序章で示した「スパイラル型」（螺旋型）と「サーキュレート型」（循環型）の労働移動の対比でいえば、労働政策研究・研修機構編（2017）でも示されている通り、「長期雇用型」の雇用システムにおける企業内キャリアは、かつてのような螺旋型の労働移動ではなくなり、循環型に近づきつつある。これに変わって「雇用流動型」の労働市場が螺旋型かといえば、本書が明らかにしてきたように、そうではなく、やはり循環型に近い。

第2節　経済成長と長期雇用の新たな関係？

　昨今の「働き方改革」や「新しい資本主義」の議論を眺めていると、それらの議論には、労働市場のあり方が企業や日本経済のパフォーマンスに影響するという因果図式が強く信じられている節がある。社会もそうした見方が強いように感じる。かつて日本経済が繁栄していた時代の長期雇用礼賛も、昨今の長期雇用批判も、この点では同じである。しかし、「長期雇用型」の労働市場も、「雇用流動型」の労働市場も、顕著な経済的パフォーマンスを示していないのなら、長期雇用慣行を改めて雇用流動化を進めるということと、企業の競争力や日本経済の再生は別問題だという理屈になるだろう。

　本書は、むしろ逆の関係だという前提に立っている。まず企業が商売として営む事業があるということを強調したい。かつての日本経済の繁栄を牽引した製造業においては自動車や電気機器をつくる事業が労働需要を生み出し、その需要に従って人材が調達されて、事業に貢献するように労働者の働き方が決まる。序章で示した原価低減活動と人事管理の関係を思い出して欲しい。製造業と非製造業では事業の性質が違うのであるから、人材の調達方法など、労働者の活用方法が異なるに違いない。そのような想定で研究を進めてきた。実際、製造業とサービス業では、雇用の流動性に違いがある。その意味で、事業内容が企業の人事管理や労働者の働き方に影響を与えるという面は、確かにある。

　しかし、そのようにして広がりつつあるサービス業が、企業の繁栄と労働者の豊かな生活をともに実現し、日本を再び経済的に豊かな社会へと導くというストーリーを展開できるだけの事実を発見することはできなかった。とりわけ留意したいのは、高学歴層が多く働いており、知識経済を牽引するはずの専門サービス業が含まれる「雇用流動型」セクターにおいても、転職経験者より長期勤続者の方が収入は高いことである。法律事務所や会計事務所、コンサルティングファーム、情報システムサービスを提供するIT企業は、アメリカでは高収入の象徴のように語られる。日本でも相対的な収入は高いが、そこでの転職型キャリアがキャリアアップにつながっているかというと、立ち止まって考え直してみる必要があるといえる。

　もちろん個別にはヘッドハントのような転職で高い収入を得ている労働者もいると予想されるが、かつての製造業ブルーカラーのような、一つの集団的な塊として労働市場の中で大きな存在感を示すカテゴリーを形成するには至っていない。確かに第2章の補論で確認したように、そのような労働者は存在する。しかし、数千人規模の企業においてそのような存在は数人、もしくは十数人程度であった。

　したがって、働き方改革や労働市場改革を日本経済の再生に向けた経済対策として考えるのであれば、働き方や労働市場のあり方を議論する前に、どのような事業が今後の日本経済を牽引するのかをまず問題にする必要がある。その事業における働き方やキャリアが、今後の日本社会の雇用制度の枠

組みを決める。そのような発想に立つなら、本書で取り上げた情報通信のメガベンチャー2社（第3章におけるB社やC社）や新興企業（第3章におけるD社）が必ずしも中途採用による「流動人材」の短期的な活用に前向きとはいえないことは示唆に富む。もちろん新卒採用から定年退職までの長期雇用を念頭において人事管理をしているとはいえない面もあるが、①新卒で良い人材を採れるなら中途採用より新卒採用の方が良い、②新卒人材に高いポテンシャルを感じている、③挑戦に失敗した人材も含めて雇用を保障しようとしているといった特徴がみられた。これらの特徴から、製造大手とは異なる企業であっても、長期雇用を志向していることがうかがえる。

　そうであるなら、長期雇用は今後も日本経済の成長の基盤として存続し続けるといえるかもしれない。ただし、その場合の長期雇用は製造業型の長期雇用とは異なる可能性がある。そうであるなら、長期雇用の存続可能性ではなく、長期雇用の意味する内容の変化を問題にすべきかもしれない。長期雇用／雇用流動化という人事管理の原理原則の転換ではなく、人材活用の運用面で、長期雇用に企業は何を期待し、どのようなマネジメントを具体的に行っているのか。その内実の変化を明らかにすることの方が重要ではないだろうか。この点にかかわり、第3章では、安定性、すなわち、セーフティネットの側面が企業の競争力の向上に寄与すると考えられていることを指摘した。つまり、従来の昇進競争を巡る人材の焚き付け以外の機能が、長期雇用を前提とする人事管理において期待されていた。

　1970年代に交わされた小池和男と熊沢誠の論争に代表されるように、ブルーカラーからホワイトカラーに至るまでこれまでの学問上の論争は、日本企業社会に一気通貫して存在する競争原理にあった[1]。これまでの時代の問いが、競争のもたらす労働需要側と労働供給側双方に対する「豊かさ」にあったとするならば、これからの時代に改めて問うべきことの1つは、「安定」がもたらす労働需要側と労働供給側に対する「豊かさ」ではないだろうか。かつて「競争」が労働者の精神面での「貧困」をもたらすとみなされていたのと同様に、「安定」は企業の競争力の「低下」をもたらすものとみなされ

---

[1]　この論争については、石田（2003）において、詳細に解説している。そのなかで、石田自身も、日本社会に浸透している競争に強い関心を注いでいる。

てはいないだろうか。

　「安定」は、企業経営に正の影響をもたらすものなのか。労働需要側からの立場でも考えていく必要があると思われる。

第3節　「雇用流動型」の豊かな労働者生活は可能か

　本書は、労使双方にとっての経済的豊かさという観点から、「長期雇用型」の労働市場と「雇用流動型」の労働市場を比較してきた。その結論として、今後も日本経済活性化の中核を担う働き方として長期雇用慣行は存在し続ける。そのように言い切ってしまうのは一面的である。それよりも労働政策において重要なことは、経済的に恵まれているとはいえない雇用流動層が増えつつある現実とどのように向き合うかという問題であろう。

　第1章で確認した通り、戦後間もない頃は、「長期雇用型」の労働市場を「雇用流動型」に変えていく途が模索されていた。そして、立場の逆転が起こった。しかしながら、こうした長期雇用が望ましいのか、それとも雇用流動化が望ましいのか、という議論は、一方のモデルが他方のモデルを淘汰するという前提があると思われる。業種の多様化や労働者の属性の多様化といった労働需要側と労働供給側の双方における多様化に対して、上記の前提が適した態度といえるのであろうか。「淘汰」ではない「棲み分け」の発想で考えてみる必要がありはしないか。異なる進化のタイプを想定した議論が求められているのではないか。

　その1つの方向性は、長期雇用に包摂される労働者を増やしていくということになるだろう。労働供給側にとってのセーフティネットとしての雇用ということを考えるなら、それは現実的であるように思われる。しかし、経済活動としての人材活用という面で考えるなら、事業に即した労働需要がないのに雇用保障だけを求めるのは歪んでいる。雇用の安定性が企業の事業拡大にもたらすメリットの有無について、個人の思いではなく実態にもとづいて引き続き検討する必要がある。

　また、労働市場全体に視点を広げるならば、長期雇用層を拡大しうるだけの経済成長が、どの産業分野で生まれるかということが問題になるだろう。

戦後復興を目指すなかでみられたような日本経済を豊かにすると考えられる産業を特定し、その成長を目指すような産業政策が、今の日本において真剣に考えられているのだろうか。そうした産業政策がないなかで、かつて製造業のブルーカラーでみられたような、企業の成長による豊かな長期雇用層の拡大が再びみられるとは考えづらい。

　もう1つの方向性は、雇用が流動的な労働市場のなかに、転職によるキャリアアップ等、経済的に豊かな生活の基盤をつくることである。しかし、これも論理的には同じことであり、それだけ経済的に繁栄しうる事業があってのことだろう。そうしたマスとしての雇用流動層の存在が企業の事業拡大にもたらすメリットについて、個人の思いではなく実態にもとづいて真剣に検討する必要がある。

　また、労働市場全体に視点を広げるのであれば、対人サービス業の賃金が伸び悩むのは時間当たりの収益が少ないからであり、その構造は転職しても変わらない。では、専門サービス業であれば転職によるキャリアアップは可能だろうか。この問題も、そのような労働需要を生む事業は何かという問いと切り離せないだろう。この点についても、検討する必要がある。

第4節　今後の課題

　最後に本書の学術的な意義とそれを踏まえたうえで出てくる今後の課題を提示したい。本書では、日本における雇用システムについて、その実態の把握を試みた。そのために採用した本書の方法的態度の特徴として、労働需要側である企業の人事管理と労働供給側である個人の職業移動の2つの面からの接近を試みたことが挙げられる。

　労働需要側からの接近は、企業の人材調達方法や処遇制度の実態を明らかにすることを可能にするが、企業から退出した者達の移動先や移動先での待遇を把握することはできない。すなわち、雇用流動層の存在やその待遇を把握することができない。一方で、労働供給側からの接近は、個人の移動経路を通じて雇用流動層の存在やその待遇を把握することはできるが、どのような人事管理のもとでそのような待遇が生まれているのかを把握することは難

しい。このように、それぞれの調査には利点と限界がある。これは、質的調査か量的調査かという調査手法にかかわらず、両アプローチが抱える限界である。本書ではこの限界を克服するために、制度派の労働調査における企業研究の手法に依拠しつつ、社会階層研究で発展してきた個人の職業移動研究の手法を補完的に活用した。

　しかしながら、こうした企業調査と労働者の職業移動を組み合わせた調査手法は、実は新しいものではない。氏原正治郎に代表される戦後の制度派の労働調査が用いた方法である。敗戦当時に、今後の新しい産業発展を志すなかで非軍事的な産業という未開拓の領域に飛び込む際に活用された手法である。労働市場の企業的封鎖性や年功的処遇といった日本の雇用慣行の諸特徴は、企業の人事管理に関する調査と個人の職歴に関する調査を組み合わせることでその存在が発見されたものであった。その意味で、本書は、制度派の労働調査の伝統的な手法に立ち返った雇用システム研究の１つであるといえる。非製造業のホワイトカラーという制度派の労働調査において開拓の進んでいないフロンティアに対して伝統的手法に立ち返って飛び込んだ結果、発見された事実は次の点である。

　第１に、異なる雇用システムが併存していることである。その際に重要なことは、異なる雇用システムへの転換を伴いながら２つのタイプが生まれているわけではないことである。「長期雇用型」の雇用システムが「雇用流動型」の雇用システムへと転換しているわけではない。また、「雇用流動型」の雇用システムが、「長期雇用型」を志向しているわけではない。つまり、「長期雇用型」を規範としてみなしていない「雇用流動型」が大企業において確かに存在している。「雇用流動型」の雇用システムは、中小企業だけではなく、大企業を含めた労働市場にみられる現象である。

　第２に、ただし、長期雇用慣行を存続させる強い磁場が日本の労働市場には存在している。具体的には、新卒採用市場の存在である。この労働市場は、ポテンシャルの高い労働力の集積地帯となっている。そのため、企業が自社を持続的に成長させる能力を有した社員を確保しようする場合、新卒市場から人材を調達することが効率的となる。この労働市場の特性は、長期雇用と査定付きの年功的処遇という日本的雇用慣行が有する諸特徴を企業に持

続させる要因となっていると考えられる。

　以上が本書の事実発見を通じて得られる重要な知見である。この点を念頭に置くと、大企業に限定したとしても、日本的雇用システムという一国に固有の雇用システムが存在するという一面的な理解は適当とはいえない。規範の面でも長期雇用のもとでの内部登用を志向していない可能性の高い人事管理が存在している事実を無視するべきではない。つまり、複数の雇用システムが同一国内に存在している。その際に重要なことは、それぞれの出自は異なっている点である。少なくとも現状では、旧来の雇用システムの変容が、新たな雇用システムを生んでいるわけではないといえる。と同時に、新卒労働市場という強い磁場のもとで、長期雇用慣行を持続させている企業もある。前節でも指摘した通り、「淘汰」ではなく、「棲み分け」の発想で雇用社会を観察、分析していく必要があると思われる。

　もちろん、本書には多くの課題が残されている。特に重要だと思われる2つを指摘しておきたい。第1に、本書は「雇用流動型」の存在を確認したが、その現象を把握したにとどまる。企業がそのような雇用システムを持続するメカニズムまでは明らかにできていない。この点を明らかにする必要がある。その際の1つの手がかりは、事業展開において重要なポジションに位置づけられる管理職ポストを外部調達に頼る企業を対象に、その理由を解明することであろう。

　第2に、本書は「長期雇用型」や「雇用流動型」といったタイプを識別する際に企業の入り口（採用）に注目した。このアプローチ自体は間違いではなかったと思われるが、その一方で企業の出口（退職）に対しては分析の対象にはできていない。企業が実施する退出管理も対象に含んだ研究を行う必要がある。特に「雇用流動型」の特徴を有する企業における労働者の退出管理を明らかにする必要がある。

　これらの解明が、今後の研究課題である。

参考文献

石田光男（2003）『仕事の社会科学——労働研究のフロンティア』ミネルヴァ書房．
戸塚秀夫・兵藤釗・菊池光造・石田光男（1988）『現代イギリスの労使関係——自動車・鉄鋼産業の事例研究（下）』東京大学出版会．
労働政策研究・研修機構編（2017）『日本的雇用システムのゆくえ』労働政策研究・研修機構．

索　引

【執筆者略歴】

西村　純（にしむら　いたる）：序章、第1章、第2章、第3章、終章

労働政策研究・研修機構副主任研究員。同志社大学大学院社会学研究科産業関係学専攻博士課程後期課程修了。博士（産業関係学）。労使関係論専攻。JILPT第4期プロジェクト研究サブテーマ「産業構造と人口構造の変化に対応した雇用システムのあり方に関する研究」事務局・企業調査班主担当。主な研究成果に、『企業の賃金決定に関する研究（共著、労働政策研究報告書No.212、2022年)』、『「長期勤続システム」の可能性—中途採用と新規事業開発に着目して』（共著、労働政策研究報告書No.220、2022年）。

池田　心豪（いけだ　しんごう）：序章、終章

労働政策研究・研修機構主任研究員。東京工業大学大学院社会理工学研究科博士課程単位取得退学。職業社会学専攻。JILPT第4期プロジェクト研究サブテーマ「産業構造と人口構造の変化に対応した雇用システムのあり方に関する研究」事務局長・個人調査班主担当。主な研究成果に『長期雇用社会のゆくえ—脱工業化と未婚化の帰結』（共著、労働政策研究報告書No.210、2021年）、『変わる雇用社会とその活力—産業構造と人口構造に対応した働き方の課題』（共著、労働政策研究報告書No.221、2022年）。

田上　皓大（たがみ　こうた）：第4章、第5章

労働政策研究・研修機構研究員。慶應義塾大学大学院社会学研究科後期博士課程在学。社会階層論専攻。JILPT第4期プロジェクト研究サブテーマ「産業構造と人口構造の変化に対応した雇用システムのあり方に関する研究」事務補佐・個人調査班担当。主な研究成果に『長期雇用社会のゆくえ—脱工業化と未婚化の帰結』（共著、労働政策研究報告書No.210、2021年）、『変わる雇用社会とその活力—産業構造と人口構造に対応した働き方の課題』（共著、労働政策研究報告書No.221、2022年）。

JILPT 第 4 期プロジェクト研究シリーズ No.6

雇用流動化と日本経済
ホワイトカラーの採用と転職

2023 年 3 月 28 日　第 1 刷発行

著　　者　西村純・池田心豪・田上皓大

編集・発行　独立行政法人 労働政策研究・研修機構
　　　　　　〒 177-8502　東京都練馬区上石神井 4-8-23
　　　　　　電話　03-5903-6263　　FAX　03-5903-6115

発 行 者　理事長　樋口美雄

印刷・製本　株式会社キタジマ